会计与财务管理专业实务操作系列教材

KUAIJI YU CAIWU GUANLI ZHUANYE SHIWU CAOZUO XILIE JIAOCAI

生产企业成本核算

SHENGCHAN QIYE CHENGBEN HESUAN

（第二版）

主　编　李　艳　　赵　燕

副主编　盛　洁　　陈凤香

　　　　梁　杏　　梁　乔

首都经济贸易大学出版社

Capital University of Economics and Business Press

·北　京·

图书在版编目(CIP)数据

生产企业成本核算/李艳,赵燕主编．--2版．--北京:首都经济贸易大学出版社,2016.9

ISBN 978-7-5638-2137-2

Ⅰ.①生… Ⅱ.①李… ②赵… Ⅲ.①企业管理—成本核算 Ⅳ.①F275.3

中国版本图书馆CIP数据核字(2013)第178068号

生产企业成本核算(第二版)

主　编　李艳　赵燕

副主编　盛洁　陈凤香　梁杏　梁乔

责任编辑 王猛

封面设计 砚祥志远·激光照排 TEL: 010-65976003

出版发行 首都经济贸易大学出版社

地　　址 北京市朝阳区红庙(邮编 100026)

电　　话 (010)65976483　65065761　65071505(传真)

网　　址 http://www.sjmcb.com

E-mail publish@cueb.edu.cn

经　　销 全国新华书店

照　　排 北京砚祥志远激光照排技术有限公司

印　　刷 人民日报印务有限责任公司

成品尺寸 170毫米×240毫米　1/16

字　　数 229千字

印　　张 13

版　　次 2013年9月第1版　**2016年9月第2版**

2024年1月总第9次印刷

书　　号 ISBN 978-7-5638-2137-2

定　　价 27.00元

第二版前言

《生产企业成本核算》最早成书于2013年，系会计与财务管理专业实务操作系列教材之一。经过几年的使用，广大读者在对本书积极肯定的同时，也提出了一些宝贵的修改建议。为此，我们在坚持第一版“教学内容与经济发展相适应，理论与实际相结合”的原则基础上，根据近年来的科研、教学成果和成本会计发展变化，对教材进行了全面的修订，使之图文更加准确，内容更加全面、先进、实用。修订后的《生产企业成本核算》第二版具有以下几个特点：

1. 教材的内容新颖

本书是以《教育部关于提高高等职业教育教学质量的若干意见》为指导，以新企业会计准则和自2014年1月1日起施行的《企业产品成本核算制度（试行）》（财会〔2013〕17号）为依据，在分录处理、成本项目设置等方面完全遵从新准则要求，紧跟会计改革进程，充分体现与时俱进特色。

2. 教材的结构体系设计合理

全书分上篇“企业成本核算综述”和下篇“企业成本核算情境实训”两部分。遵循由浅入深、循序渐进的认知规律，尽量通过图表和例题讲解成本会计的基本原理与方法，使学生既能熟悉和掌握成本会计的一般原理和方法，又能处理和解决企业成本核算中存在的具体问题，突出职业教育的应用性、适用性和实践性。

3. 遵循成本会计工作规律

教材的内容以实际工作中成本会计核算过程为主线，围绕“成本核算期初工作的展开－成本核算日常工作的处理－成本核算期末工作的结转”的基本工作步骤，反映了成本会计工作规律，使学生的学习过程更具系统性、完整性。

4. 注重教学理论与实际工作需要相结合

教材将产品成本的三大基本计算方法——品种法、分批法、分步法——设计融入三个成本核算情境实训，后一个情境基于前一个情境，选取更深一层的知识、能力和方法，层层递进，帮助学生独立完成生产企业产品成本核算工作。教材选取的业务内容贴近生产实际，简洁明了，体现了实用性、通用性和可操作性，易于学生接受。

希望本书的修订再版能够对读者提高生产企业成本核算工作的学习有所帮助。本教材可供高职高专院校和成人高等院校的财务、会计专业作为专业教学用书，也可作为在职人员培训及各类经济管理人员的参考书。

本书在编写过程中，借鉴、吸收并引用了大量国内外的相关书籍和教材，并得到有关专家的指导，在此一并表示诚挚的感谢！

尽管此次修订我们做了很大努力，但限于学科发展日新月异，加之作者水平所限，书中不妥之处在所难免，恳请同行和读者批评指正。

目　录

上篇　企业成本核算综述

第一章　成本核算基础知识 ………… 3

第一节　成本的内涵 ………… 3

第二节　成本会计的对象、职能和任务 ………… 5

第三节　成本会计的工作组织 ………… 7

第四节　生产企业成本核算的要求和一般程序 ………… 8

第二章　成本核算的前期准备工作 ………… 13

第一节　成本核算环境认知 ………… 13

第二节　产品成本核算方法确定 ………… 15

第三节　其他准备工作 ………… 16

第三章　成本核算的日常处理工作 ………… 18

第一节　材料费用的核算 ………… 18

第二节　外购动力费用的核算 ………… 25

第三节　职工薪酬的核算 ………… 27

第四节　其他费用的核算 ………… 32

第四章　成本核算的期末结转工作 ………… 36

第一节　材料费用的归集与分配 ………… 36

第二节　外购动力费用的归集与分配 ………… 41

第三节　职工薪酬的归集与分配 ………… 44

第四节　其他费用的归集与分配 ………… 48

第五节　辅助生产费用的归集与分配 ………… 51

第六节　制造费用的归集与分配 ………… 59

第七节　核算生产损失 ………… 64

第八节　核算生产费用 ………… 74

第五章　成本核算的基本方法 ………… 86

第一节　产品成本计算的品种法 ………… 86

第二节　产品成本计算的分批法 …… 97
第三节　产品成本计算的分步法 …… 107

第六章　成本报表的编制与分析 …… 120
第一节　成本报表的作用和种类 …… 120
第二节　成本报表的编制与分析 …… 121

下篇　企业成本核算情境实训

第七章　情境一:小型简单步骤生产企业成本核算 …… 131
任务一　企业成本核算环境认知 …… 131
任务二　成本核算方法选择 …… 134
任务三　成本核算日常业务处理 …… 134
任务四　成本核算期末工作结转 …… 144
任务五　成本报表的编制与分析 …… 150

第八章　情境二:订单式生产企业成本核算 …… 152
任务一　企业成本核算环境认知 …… 152
任务二　成本核算方法选择 …… 155
任务三　成本核算日常业务处理 …… 156
任务四　成本核算期末工作结转 …… 165
任务五　成本报表的编制与分析 …… 172

第九章　情境三:多步骤生产企业成本核算 …… 174
任务一　企业成本核算环境认知 …… 174
任务二　成本核算方法选择 …… 177
任务三　成本核算日常业务处理 …… 177
任务四　成本核算期末工作结转 …… 189
任务五　成本报表的编制与分析 …… 199

参考文献 …… 201

上篇　企业成本核算综述

第一章　成本核算基础知识

第一节　成本的内涵

一、成本的概念

成本是衡量企业经营管理水平高低和经济效益好坏的一个重要指标。成本分为广义成本和狭义成本，广义成本是一个“全部成本”的概念，是企业生产经营中所发生的全部劳动耗费，包括产品生产成本和期间费用两大部分。狭义成本通常又指产品生产成本，其定义为：在一定条件下，企业为生产一定品种、数量的产品而耗用的各种能以货币计量的全部费用的总和。

二、成本的分类

成本具有多样性，选择不同的标准，可以将成本分成不同的种类。在实际工作中，主要有两种分类方法，分别是按经济用途分类和按经济内容分类。

（一）生产成本和非生产成本

按其经济用途可划分为生产成本和非生产成本两大类：

1. 生产成本

生产成本，也称狭义成本。它是指产品在生产过程中发生的各种耗费，一般包括直接材料、直接人工和制造费用三个成本项目。

（1）直接材料，也称原材料。它是企业生产产品和提供劳务的过程中所消耗的、直接用于产品生产、构成产品实体的原料及主要材料、外购半成品以及有助于产品形成的辅助材料等。

（2）直接人工，也称生产工资及福利费。它是企业生产产品和提供劳务过程中，直接从事产品生产的工人的工资、津贴、补贴和福利费等。

（3）制造费用。它是企业各个生产单位（车间、分厂）为组织和管理生产所发生的各种间接费用，如固定资产折旧费、管理人员工资及福利费等。

企业可根据生产特点和管理要求对上述成本项目做适当调整。对于管理上需要单独反映、控制和考核的费用，以及产品成本中比重较大的费用，应专设成本项目；否则，为了简化核算，不必专设成本项目。例如，如果生产用燃料及动力耗费不多，可将其中的燃料费用并入“原材料”成本项目，将其中的动力费用计入“制造费用”成本项目。又如，废品损失在产品成本中所占比重较大，在管理上需要重点对其进行控制和考核，则应单独设“废品损失”成本项目。

2. 非生产成本

非生产成本，也称期间费用。它是企业在行政管理、产品营销和资金筹集过程中发生的各种耗费，包括管理费用、财务费用和销售费用三类。

(1)管理费用。它是企业行政管理部门为组织和管理生产经营活动而发生的各项费用。

(2)销售费用。它是企业在销售产品、自制半成品和提供劳务等过程中发生的费用。

(3)财务费用。它是企业在生产经营过程中为筹集资金而发生的各项费用。

企业实际工作中所指的成本，如果没有特别说明，指的是生产成本，也就是狭义的成本概念。

(二)费用要素

按经济内容可分为九个费用要素：

(1)外购材料。它是指企业为进行生产经营而耗用的一切从外单位购进的原料及主要材料、半成品、辅助材料、包装物、修理用备件和低值易耗品等。

(2)外购燃料。它是指企业为进行生产经营而耗用的一切从外单位购进的各种固体、液体和气体燃料。

(3)外购动力。它是指企业为进行生产经营而耗用的一切从外单位购进的各种动力。

(4)工资。它是指企业应计入产品成本和期间费用的职工工资。

(5)提取的职工福利费。它是指企业根据规定按工资总额的一定比例计提的、应计入产品成本和期间费用的职工福利费。

(6)折旧费。它是指企业按照规定的固定资产折旧方法计算提取的折旧费用。

(7)利息支出。它是指企业应计入财务费用的借入款项的利息支出减利息收入后的净额。

(8)税金。它是指应计入企业管理费用的各种税金，如房产税、车船税、土地使用税、印花税等。

(9)其他支出。它是指不属于以上各要素但应计入产品成本或期间费用的费用支出，如差旅费、租赁费、外部加工费以及保险费等。

成本按经济用途分类和按经济内容分类之间有一定的联系和区别。联系是，这两种分类都是成本内容不同方面的外在划分。区别是：按经济用途分类，属于成本项目分类，在实际工作中构成成本会计科目的二级科目；按经济内容分类，属于成本项目的明细分类，在实际工作中构成成本会计科目的三级科目。例如，一级科目是基本生产成本，二级科目可以是直接材料或原材料，三级科目可以是原料。

三、生产成本的意义

产品的生产成本是组成产品(商品)价值的主要部分，在产品成本的基础上加

上合理的利润就是商品的价值或价格。因此,产品成本对企业有着非常重要的意义,具体体现在以下两个方面:

(1)在产品销售价格一定的情况下,较低的成本为企业带来较高的收益。当企业确定销售价格时,也同时确定了所生产产品的总销售收入即主营业务收入,较低的成本意味着产品销售成本较低即主营业务成本较低,所以企业的主营业务毛利也就较高。

(2)在较成熟的市场环境中,较低的产品成本增强企业市场竞争力。在较成熟的市场环境中,各企业生产同类产品的质量一定的情况下,较低的产品价格意味着企业有更强的市场优势和竞争力,同时也能提高企业的生存、发展和获利能力。

因此,企业在产品的生产过程中,在不影响产品质量的前提下,应努力降低各种生产耗费,以降低产品成本,提高产品市场竞争力,为企业提高经济效益创造条件。

第二节 成本会计的对象、职能和任务

一、成本会计的对象

成本会计的对象是指成本会计反映和监督的内容。下面以生产企业为例,说明成本会计应反映和监督的内容。工业企业的基本生产经营活动是生产和销售工业产品。产品的制造过程实际是从原材料投入生产到产成品完工的过程,这一过程一方面生产出产品;另一方面要发生各种各样的生产耗费。这些耗费包括:原料及主要材料、燃料等在生产中的消耗,其价值要转换到产品成本中去;固定资产的磨损,其通过计提折旧的方式逐步转移到所生产的产品中去;劳动者为产品创造价值后,以工资形式支付的部分;其他的一些货币支出。上述产品制造过程中各种生产费用的支出和产品生产成本的形成,是成本会计应反映和监督的主要内容。

二、成本会计的职能

成本会计作为会计的一个重要分支,其基本职能同会计一样,具有反映和监督两大基本职能。但随着制造过程的日趋复杂,生产管理要求的不断更新和提高,成本会计的具体内容也在不断发展。现代成本会计主要有七大职能,就其基本内容分别说明如下:

(一)成本预测

成本预测是根据成本提供的数据和信息,结合考虑企业内外环境,运用一定的技术方法,对未来的成本水平及其发展趋势做出科学的估计。通过成本预测,可以为企业提供决策依据,减少经营活动的盲目性。

（二）成本决策

成本决策是在成本预测的基础上，运用专门的方法，对若干个方案进行选择、分析，从中选择最优方案，据以确定目标成本。最优化的成本决策是编制成本计划的前提，也是提高经济效益的途径。

（三）成本计划

成本计划是根据成本决策所确定的目标成本，具体规定出在计划期内为完成规定的任务所应达到的水平，并提出为达到规定的成本水平所应采取的各项措施。成本计划是进行成本控制、成本分析和成本考核的依据。

（四）成本控制

成本控制是根据成本计划，对成本发生和形成过程以及影响成本的各种因素进行限制与监督，使之能按预定的计划进行的一种管理活动。通过成本控制可以保证成本目标的实现。成本控制包括事前控制和事中控制。

（五）成本核算

成本核算是对企业生产经营过程中发生的各种生产费用，运用专门的会计方法进行计量、记录、归集、分配、汇总，计算出各成本对象的总成本和单位成本。成本核算可以反映成本计划完成情况，同时也为以后的成本分析和成本考核提供必要的依据。

（六）成本分析

成本分析是利用成本核算等资料与本期计划成本、上年同期实际成本、本企业历史先进成本以及国内外同类产品先进成本进行比较，用以揭示产品成本差异并分析产生差异的原因，以便采取相应措施，改进管理，降低耗费，提高经济效益。

（七）成本考核

成本考核是定期对成本计划及其有关指标实际完成情况进行总结和评价，以监督和促使企业加强成本管理责任制，履行经济责任，提高成本管理水平。成本考核一般与奖惩制度结合，以调动各责任人努力完成目标成本的积极性。

成本会计的各项职能是相互联系、相互依存的。成本预测是成本决策的前提，成本决策是成本预测的结果，成本计划是成本决策所确定目标的具体化，这三项职能主要体现在产品投产的准备阶段。成本控制是对成本计划实施进行的监督，成本核算是对成本计划是否完成的检验。这两项职能主要体现在产品生产的中期实施阶段。成本分析是对计划完成与否的原因进行的检查，成本考核则是实现成本计划的重要手段。这两项职能主要体现在成本管理的后期总结阶段。在这七项职能中，成本核算是最基本职能，是成本会计的基本任务和中心环节。

三、成本会计的任务

成本会计的任务是成本会计职能的具体化，也是人们期望成本会计应达到的

目的。其主要包括以下四个方面:

(一)正确核算产品成本,及时提供成本信息

及时、正确地核算产品成本,提供真实、可靠的成本信息,是成本会计的基本任务。这是因为,成本核算提供的信息,不仅是企业正确地进行存货计价、正确地确定利润和制定产品价格的依据,同时也是企业进行成本管理的基本依据。

(二)优化成本决策,确立目标成本

成本会计工作应在企业各职能部门的配合下,根据有关的成本信息,采用科学的方法预测成本水平及其发展趋势,拟订各种降低成本的方案,进而进行成本决策,选出最优方案,确定目标成本,再根据目标成本编制成本计划,为实施成本管理提供基本依据。

(三)加强成本控制,防止挤占成本

加强成本控制,首先是进行目标成本控制。这主要依靠执行者自主管理,进行自我控制,以促其提高生产技术,厉行节约,注重效益;其次是遵守各项法规的规定,控制各项费用支出挤占成本。

(四)建立成本责任制度,加强成本责任考核

建立成本责任制度,就必须把降低成本的任务和责任落实到每个部门、层次和责任人。各责任单位与个人,不仅要承担降低成本的责任,而且要执行成本计划的权力,同时可以获得奖惩利益。因此,成本会计要对比各责任单位或个人的实际可控成本与其目标成本,揭示差异,寻找发生原因,据以确定奖惩并挖掘进一步降低成本的潜力。

第三节 成本会计的工作组织

一、成本会计的机构及其组织分工

企业设置成本会计机构,是为了在企业从事成本会计工作。一般情况下,大中型企业业务量多,工作量大,应在会计部门中单独设置成本会计科、室、组等机构,专门处理成本会计事务;在规模较小、会计人员不多的企业,可以在会计部门中指定专人从事成本会计工作。此外,企业的其他有关职能部门和生产车间,也应根据工作要求配备成本会计人员。企业成本会计机构内部,可以按成本会计所负担的各项任务分工,也可以按成本会计的对象分工,在分工的基础上建立岗位责任制,使每一个成本会计人员都明确自己的职责,每一项成本会计工作都有人负责。

企业内部各级成本会计机构之间的组织分工,有集中工作和分散工作两种基本方式。

所谓集中工作方式,是指企业的成本会计工作,主要由厂部成本会计机构集中进

行，车间等其他单位的成本会计机构或人员只负责原始记录和原始凭证的填制，并对它们进行初步的审核、整理和汇总，为厂部成本会计机构进一步工作提供基础资料。

这种方式的优点是：不仅使厂部成本会计机构能够及时地掌握整个企业与成本相关的全面信息，而且还能便于集中进行计算机成本数据处理。同时还可以减少成本会计机构的层次和成本会计人员的数量。但这种工作方式不便于直接从事生产经营活动的各单位和职工及时掌握本单位的成本信息，从而不利于成本的及时控制和责任成本制的推行。

所谓分散工作方式，是指成本会计工作中的计划、控制、核算和分析由车间等基层单位的成本会计机构或人员分别进行。成本考核工作由上一级成本会计机构对下一级成本会计机构逐级进行。厂部成本会计机构除对全厂成本进行综合的计划、控制、分析和考核以及汇总核算外，还应负责对下级成本会计机构或人员进行业务上的指导和监督。成本的预测和决策工作一般仍由厂部成本会计机构集中进行。

分散工作方式的优缺点与集中工作方式正好相反。一般而言，大中企业由于规模较大，组织结构也复杂，会计人员数量较多，为了调动各级各部门控制成本费用，提高经济效益的积极性，一般应采用分散工作方式；小型企业为了提高成本会计工作的效率和降低成本管理的费用，则一般可采用集中工作方式。

二、成本会计人员

在成本机构中，配备适量思想品德优良、精通会计业务知识、掌握一定生产技术和经营管理知识的成本会计人员，是做好会计工作的关键。为了充分调动和保护会计人员的工作积极性，国家在有关会计法规中对会计人员的职责、权限、任免、奖惩以及会计人员的技术职称等做了明确的规定。这些规定对于成本会计人员也是完全适用的。

成本会计机构和成本会计人员应在企业总会计师和会计主管人员的领导下，从降低成本、提高企业经济效益的角度出发，参与制定企业的生产经营决策，做好企业管理者的参谋。为此，成本会计人员应经常深入企业内部的各个层面，结合生产经营实际需要，向有关部门和广大职工宣传国家的有关方针、政策和制度，以及企业在成本管理工作方面的计划和目标等，并督促他们落实在工作中；深入了解生产经营的各个环节，注意发现成本管理中存在的问题并提出改进成本管理的意见和建议。

第四节　生产企业成本核算的要求和一般程序

一、成本核算的要求

成本核算不仅是成本会计的基本任务，同时也是企业经营管理的重要组成部

分。因此,为了充分发挥成本核算的作用,在成本核算工作中,应遵循以下各项要求:

(一)算管结合,算为管用

算管结合,算为管用就是成本核算应当与加强企业经营管理相结合,所提供的成本信息应当满足企业经营管理和决策的需要。为此,成本核算不仅要对各项费用支出进行事后的核算,提供事后的成本信息,而且必须加强各项费用的事前和事中的审核和控制,并及时进行信息反馈。同时,在成本核算中,应做到:分清主次,区别对待;主要从细,次要从简;简而有理,细而有用。

(二)正确划分各种费用界限

为了正确地进行成本核算,正确地计算产品成本和期间费用,必须正确划分以下五个方面的费用界限。

1. 划清应否计入生产费用、期间费用的界限

生产企业发生的各种支出,其用途不同,列支的项目也应该不同。对于企业在生产经营过程中发生的一些资本性支出,如购建固定资产、形成无形资产的支出,应计入资产的价值。对于与生产经营无关的支出,如固定资产盘亏损失、固定资产报废清理净损失等应计入营业外支出。凡不属于企业日常生产经营方面的支出,均不得计入产品成本或期间费用。

2. 划清生产费用与期间费用的界限

生产企业日常生产经营中所发生的各种耗费,其用途和计入损益的时间是有所不同的。用于产品生产的费用形成产品成本,并在产品销售后作为产品销售成本计入企业损益;在实际生产中,当月投产的产品不一定当月完工,当月完工的产品也不一定当月销售,所以当月的生产费用不一定计入当月损益的产品销售成本。而本期发生的管理费用、营业费用和财务费用,则作为期间费用计入当月损益。在会计实践中,有些企业故意混淆两类费用界限,借以人为地调节各期损益的做法是错误的。

3. 划清各月份的产品成本界限

凡应由本期产品成本负担的费用,不论是否在本期发生,都应全部计入本期产品成本;不应由本期产品成本负担的费用,即使在本期支付,也不能计入本期产品成本。例如预付生产车间一年的财产保险费,应分12个月平均分摊计入各生产车间的制造费用,计入各月份的产品成本。否则,不但影响当期成本、费用损益计算的正确性,且对以后各期都构成影响。

4. 划清不同产品的产品成本界限

凡属于某种产品单独发生,能够直接计入该种产品的生产费用,均应直接计入该种产品成本;凡属于几种产品共同发生,不能够直接计入该种产品的生产费用,则应采用适当的分配方法,分配计入这几种产品的成本。应严格禁止在不同的盈亏水平的产品之间,任意调剂、转移生产费用,导致企业损益的虚假性。

5. 划清完工产品成本与在产品成本界限

月末核算产品成本时,如果某种产品全部完工,那么,累计发生的生产费用就是这种产品的生产成本;如果全部未完工,累计发生的生产费用就是这种产品的月末在产品成本;如果既有完工产品又有未完工产品,则应将生产费用按照适当的分配方法,在完工产品与在产品之间进行分配。应防止任意提高或降低月末在产品成本和完工产品成本的错误做法。

综上所述,正确划分各种费用支出的界限是正确计算产品成本的重要条件,只有分清各种费用支出,才能保证产品成本计算的正确性。

(三)做好各项基础工作

成本会计的基础工作主要包括以下内容:

1. 健全原始记录工作

原始记录是反映生产经营活动的原始资料,是一切核算的基础。因此,工业企业对生产过程中材料的领用、动力的耗费、人工费用的开支、废品的损失等,都要有正确及时的记录。成本核算人员要会同企业各职能部门,结合企业的实际情况,认真制定原始记录制度,同时还要做好各种原始记录的登记、传递、审核和保管工作,以便正确及时地为成本核算和其他有关方面提供资料和信息。

2. 建立和健全材料物资的计量、收发、领退和盘点制度

为了保证入库材料物资的数量与质量要求,必须做好计量与验收工作,准确的计量和严格的质量验收是保证原始记录可靠性的前提;为了保证材料物资领、退准确无误,还必须及时办好领料和退料的凭证手续,使成本中的材料耗费准确。由于材料物资等存货品种、规格多,进出频繁,尽管严格管理,但由于种种原因,账面与实际不符的问题还会经常存在。所以对材料物资要进行定期或不定期的清查盘点,进行账面调整,以保证库存材料物资的真实性,确保成本中材料费用核算更加准确。

3. 做好定额的制定和修订工作

定额是指在一定生产技术组织条件下,对人力、财力、物力的消耗及占用所规定的数量标准。科学先进的定额,是对产品成本进行预测、核算、控制和考核的依据。在成本核算时,往往要用产品的原材料和工时的定额消耗量或定额费用作为分配实际费用的标准。因此,企业应制定先进、合理、切实可行的消耗定额,并根据生产的发展、技术的进步、劳动生产率的提高,不断地进行修订,使其能充分发挥应有的作用。

4. 做好企业内部计划价格的制定和修订工作

在计划管理基础较好的企业中,为了分清企业内部各单位的经济责任,便于分析和考核内部各单位成本计划的完成情况,还应对材料、半成品和厂内各车间相互提供的劳务(如修理、运输等)制定厂内计划价格,作为内部结算和考核的依据。厂内计划价格应该尽可能符合实际并保持相对稳定,一般在年度内不作变动。在

制定了厂内计划价格的企业中，对于材料领用、半成品转移以及各车间、部门之间相互提供劳务，都应先按计划价格结算，月末再采用一定的方法计算和调整价格差异，据以计算实际的成本、费用。另外，按计划价格进行企业内部的往来结算，还可以简化和加速成本和费用的核算工作。

（四）适应生产特点和管理要求，采用适当的成本计算方法

产品成本是在生产过程中形成的，生产组织和工艺过程不同的产品，应该采用不同的成本计算方法。计算产品成本是为了管理成本，管理要求不同的产品，也应该采用不同的成本计算方法。

二、成本核算的一般程序

（一）成本核算的主要会计账户

1.“基本生产成本”账户

基本生产是指为完成企业主要生产目的而进行的产品生产。为了归集基本生产所发生的各种生产费用，计算产品生产成本，应设置“基本生产成本”账户。该账户借方登记企业为进行基本生产而发生的各种生产费用；贷方登记转出的完工入库的产品成本；余额在借方，表示基本生产的在产品成本。“基本生产成本”应按产品品种或产品批别、生产步骤等成本计算对象设置产品成本明细分类账（或称产品成本计算单），账内按产品成本项目分设专栏或专行。

2.“辅助生产成本”账户

辅助生产是指为基本生产服务而进行的产品生产和劳务供应。辅助生产所提供的产品和劳务，有时也对外销售，但这不是它的主要目的。为了归集辅助生产所发生的各种生产费用，计算辅助生产所提供的产品和劳务的成本，应设置“辅助生产成本”账户。该账户的借方登记为进行辅助生产而发生的各种耗费；贷方登记完工入库产品的成本或分配转出的劳务成本；余额在借方，表示辅助生产在产品的成本。“辅助生产成本”账户应按辅助生产车间和生产的产品、劳务分设明细分类账，账中按辅助生产的成本项目或费用项目分设专栏或专行进行明细登记。

3.“制造费用”账户。

“制造费用”账户核算企业各个生产车间为组织和管理生产所发生的各项间接费用，该账户借方登记本期发生的各项制造费用；贷方登记分配转出的制造费用，除季节性生产企业外，月终一般无余额。该账户应按车间、部门设置明细分类账，账内按费用项目设立专栏进行明细登记。

（二）成本核算的一般程序

成本核算的一般程序是指对企业在生产经营过程中发生的各项生产费用和期间费用，按照成本核算的要求，逐步进行归集和分配，最后计算出各种产品的生产成本和各项期间费用的基本过程。根据成本核算要求和生产费用、期间费用的分

类,可将成本核算的一般程序归纳如下:

(1)对企业的各项支出严格地进行审核和控制,并按照国家统一会计制度确定其应否计入生产费用、期间费用,以及应计入生产费用还是期间费用。

(2)正确处理费用的跨期摊提工作。

(3)将应计入本月产品的各项生产费用,在各种产品之间按照成本项目进行归集和分配,计算出按成本项目反映的各种产品的成本。

(4)对于月末既有完工产品又有在产品的产品,将该种产品的生产费用(月初在产品生产费用与本月生产费用之和),在完工产品与月末在产品之间进行分配,计算出该种产品的完工产品成本和月末在产品成本。

第二章　成本核算的前期准备工作

企业的成本核算工作是一项系统而细致的工作。通过前一章学习，我们知道，成本核算实际就是要计算出企业当期所生产的各种产品的总成本和单位成本。为了完成这项任务，当期需要完成三个步骤的工作：一是成本核算的前期准备工作，二是成本核算的日常处理工作，三是成本核算的期末结转工作。本章主要讲述成本核算的前期准备工作。前期准备工作就是在成本核算工作开展前，成本核算人员包括新入职人员，应该首先了解企业的基本情况和企业成本的核算环境与管理要求，再确定产品成本的核算方法。成本核算方法一旦确定，不能随意改变。

第一节　成本核算环境认知

相关人员在从事成本核算前，应对企业成本核算环境有基本认识，除了了解企业的类型，生产经营的基本状况，企业组织机构和会计机构的设置以及会计人员的配备，企业产品的品种、外观、价格、功能等企业基本情况外，更重要的是要认清企业的产品生产类型和成本管理要求是什么，明确企业核算产品的成本对象是什么，这是开展成本核算的基础。

一、产品生产类型

将产品生产工艺过程的特点和生产组织的特点相结合可以形成不同的企业生产类型。

（一）单步骤生产和多步骤生产

按生产工艺过程的特点可分为单步骤生产和多步骤生产两种。多步骤生产按其产品的加工方式又可分为连续加工式生产和装配式生产。

单步骤生产，亦称简单生产，是指生产工艺过程不能间断、不可能或不需要划分为几个生产步骤的生产，如发电，采掘等工业生产。

多步骤生产，亦称复杂生产，是指生产工艺过程由若干个可以间断的、分散在不同地点、分别在不同时间进行的生产步骤所组成的生产，如纺织、钢铁、机械、造纸、服装等工业生产。多步骤生产按产品加工方式，又可分为连续加工生产和装配式生产。连续式加工生产是指原材料要经过若干连续加工步骤，才能成为产品的生产。装配式加工是指各种原材料平行地进行加工，制成各种零部件后，再将零部件装配成产品的生产。

（二）大量生产、成批生产和单件生产

按生产组织的特点可分为大量生产、成批生产和单件生产三种。

大量生产，是指不断地重复生产相同产品的生产。其特点是产品的品种较少，产量较大且较稳定，如采掘、纺织、面粉、化肥的生产。

成批生产，是指按照事先规定的产品批别和数量进行的生产。其特点是产品的品种较多，且具有一定重复性，如服装、机械的生产等。成批生产按批量又可分为大批生产和小批生产。

单件生产，是指根据订货单位的要求，生产个别的、特殊的产品的生产。其特点是产品品种多、很少重复。

将上述生产工艺过程的特点和生产组织的特点相结合可形成不同的生产类型。单步骤生产和多步骤连续加工式生产一般是大量大批生产，可分别称之为大量大批单步骤生产和大量大批多步骤生产；单步骤生产和多步骤加工式生产如果是单件或小批量生产，可分别称之为单件、小批的单步骤生产和单件、小批的多步骤生产。以上四种生产类型几乎概括了企业的所有生产类型。

二、生产类型和成本管理要求对产品成本计算的影响

生产类型不同，对成本进行管理的要求也不一样。而生产类型和管理要求又必然对产品成本计算产生影响，这一影响主要表现在以下三个方面：

（一）对成本计算对象的影响

成本计算对象，是指企业为了计算产品成本而确定的归集和分配生产费用的各个对象，即计算什么的成本。企业在进行成本核算时，首先确定成本计算对象。受生产类型特点和管理要求的影响，在产品成本计算工作中有三种不同的成本计算对象：以产品品种为成本计算对象，以产品批别为成本计算对象，以产品生产步骤为成本计算对象。

大量大批单步骤生产，由于生产工艺过程不能间断，不可能也不需要划分为几个生产步骤来计算产品成本，而只能以产品品种作为成本计算对象；大量大批多步骤生产，由于生产工艺过程由若干可以间断的、分散在不同地点进行的生产步骤组成，为了计算各个生产步骤的成本，应以生产步骤作为成本计算对象；单件小批生产，产品批量小，每批产品同时投产，同时完工，因而按批别来计算产品成本，以产品的批别作为成本计算对象

（二）对产品成本计算期的影响

成本计算期，是指每次计算产品成本的期间，即多长时间计算一次成本。在不同生产类型中，产品成本计算期也不同，这主要决定于生产组织的特点。在单件和小批生产中，产品成本只能在某件或某批产品完工以后计算，因而成本计算是不定期的，而与生产周期相一致。在大量大批生产中，每月都有完工产品，就需要按月计算完工产品的成本，成本计算期与会计报告期一致，与生产周期不一致。需要指出的是，不管成本计算期与会计报告期是否一致，企业均要按月归集本月发生的生产费用。

（三）对在完工产品与在产品之间分配费用的影响

生产类型的特点，还影响到月末在进行成本计算时有没有在产品，是否需要在完工产品与在产品之间分配费用的问题。

在大量大批单步骤生产下，由于生产不能间断，生产周期短，月末一般没有在产品或在产品数量很少，因而在计算产品成本时，可以不考虑在产品的成本，生产费用不必在完工产品和在产品之间进行分配；在大量大批多步骤生产下，由于生产不间断地进行，不断地投入产品，不断有完工产品，也不断有在产品产生，而且由于生产过程比较复杂，期末在产品的数量较大，因而，期末有必要将生产费用在完工产品和在产品之间进行分配；在小批、单件生产条件下，一批产品同时投产，同时完工，完工后才能计算产品成本，因而往往也不存在完工产品与在产品之间分配费用的问题。

第二节　产品成本核算方法确定

本节介绍如何结合企业生产类型特点和成本管理要求来确定和选择产品成本的计算方法。

一、产品成本计算的基本方法

为了适应不同类型生产特点和成本管理要求，在产品成本计算工作中有着三种不同的成本计算对象：产品品种、产品批别和产品的生产步骤。因而以成本计算对象为主要标志的产品成本计算基本方法有三种，分别如下：

（1）以产品品种为成本计算对象的产品成本计算方法，称为品种法。一般适用于单步骤的大量生产，如发电、采掘等；也可用于不需要分步骤计算成本的多步骤的大量、大批生产，如小型造纸厂、水泥厂等。

（2）以产品批别为成本计算对象的产品成本计算方法，称为分批法。适用于单件、小批的单步骤生产或管理上不要求分步骤计算成本的多步骤生产，如修理作业、专用工具模具、重型机器制造、船舶制造等。

（3）以产品生产步骤为成本计算对象的产品成本计算方法，称为分步法。适用于大量、大批的多步骤生产，如纺织、冶金、机械制造等。

这三种方法与企业生产类型的特点有着直接关系，而且需要确定成本核算对象，因此是产品成本计算必不可少的方法。生产型企业，不管是哪种生产类型，进行成本核算所用的基本方法，不外乎就是这三种。

二、产品成本计算的辅助方法

除上述基本方法外，在产品品种、规格繁多的制造企业中，如针织厂、灯泡厂等，为了简化成本计算工作，还使用一种简便的产品成本计算方法——分类法；在定额管理工作基础好的制造企业中，为了配合和加强定额管理，加强成本控制，更有效地发挥成本计算的分析性和监督性作用，还使用一种将符合定额的费用和脱离定额的差异分别核算的产品成本计算方法——定额法。这些方法与生产类型的特点没有直接联系，不涉及成本计算对象；它们的应用或者是为了简化成本计算工作，或者是为了加强成本管理，只要具备条件，在哪种生产类型企业都能用。因此，从计算产品实际成本的角度来说，它们不是必不可少的。在制造企业中，确定不同的成本计算对象，采用不同的成本计算方法，主要是为了适应企业的生产特点和管理要求，正确提供成本核算资料以加强成本管理。但是，不论什么生产类型企业，不论采用什么成本计算方法，最终都必须按照产品品种算出产品成本。因此，按照产品品种计算成本，是产品成本计算的最一般、最起码的要求。换言之，品种法是上述基本方法中最基本的成本计算方法。

第三节　其他准备工作

一、生产工序流程示意图的编制

熟悉企业的生产工序流程，根据企业的实际生产状况编制生产工序流程示意图，详细标明产品生产的方向、步骤和所经部门。这样做的目的是明确产品的全部制造工序，有利于区分半成品阶段和产成品阶段，有利于计算出在产品的完工程度。绘制生产工序流程示意图的过程，就是整个产品生产成本核算体系的建立过程。

二、产成品材料配件表的编制

了解企业生产的各种产品的结构和生产工艺要求，编制产成品材料配件表，即BOM 清单，详细列明每款产品的材料配件组成，对于需要表面处理如抛光和喷漆等的产品，同时列示相关加工单价和费用。产成品材料配件表一定要详细，要求从这张表中可以清晰地看到整个产品的构成和其他状况。产成品材料配件表编好后需要保存，以后需要根据材料配件变动而不断地更新资料，确保清单数据是最新数据。

三、成本数据的收集和报送

产品成本核算体系建立起来后，涉及相关生产部门的一些数据的收集、整理、统计和报送，要规定相关部门按时、按量地报送数据，以保证成本核算的完整性和连续性。比如，仓库部门需报送每月的产成品、自制半成品的进、出、存数据，各有关车间部门要报送月末在产品结余在工序上的数据，供电、供水部门需报送耗电量和耗水量，工资计算部门要按月及时报送工资数据等。

四、成本数据的核对和清查

在进行成本核算前，需要对各部门报送来的成本数据进行审核，特别是对存货数据的核对和清查，比如原材料、自制半成品、产成品，对仓库部门报上来的结存数，与会计账户余额对比，看是否一致。或者直接到仓库部门查实本月份的进出数据，结合月末实际盘点数量，看是否一致。如果有差异，则要查找差异原因，及时作盘盈、盘亏处理，计入当期成本费用。

第三章　成本核算的日常处理工作

第一节　材料费用的核算

材料是生产过程中的劳动对象。材料按其在生产中的用途，可分为：原料及主要材料、辅助材料、外购半成品、燃料、修理用备件、包装物、低值易耗品等。

一、工作流程

（一）材料采购工作流程

根据生产计划、成品材料构成和企业生产能力做出采购计划。材料采购的流程如图 3－1 所示：

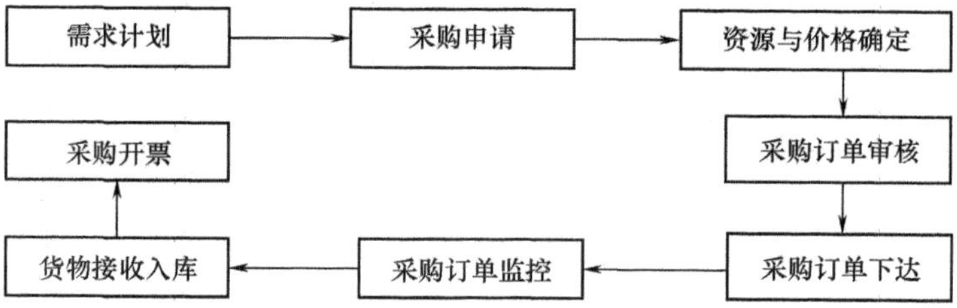

图 3－1　材料采购流程图

（二）材料入库工作流程

材料入库的流程如图 3－2 所示。由图可以看出，材料入库的流程为：材料到货－检验员检验－保管员验收货物－主管审核签字－填写入库单据－分类存放。

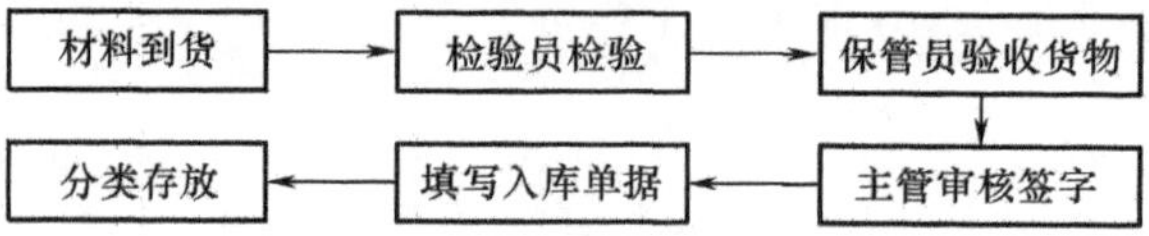

图 3－2　材料入库流程图

（三）材料领用工作流程

材料领用的流程如图 3－3 所示。根据车间生产能力和下达的生产计划，车间核算员领用材料的流程为：编制领料明细表－车间负责人审核签字－到仓库领料－填写领料单－仓库保管员审核领料单－双方清点材料数量、规格－材料运回车间－发放到用料工序。

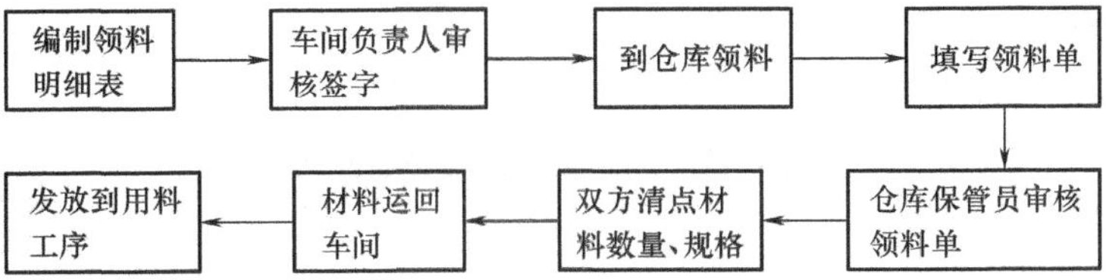

图 3 -3 材料领用流程图

(四)材料采购、入库流程及相关岗位的联系

材料采购、入库的流程及相关岗位的联系如图 3 -4 所示。

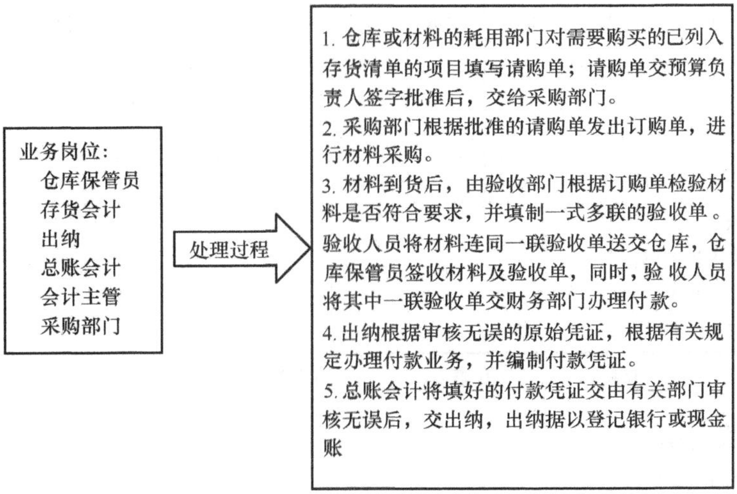

图 3 -4 材料采购、入库的流程及相关岗位的联系

二、完成工作需要的原始凭证

(一)转账支票

转账支票见表 3 -1:

表 3 -1 ××银行转账支票存根

支票号码

科目____________

对方科目____________

签发日期 年 月 日

收款人:
金 额:
用 途:
备 注:

单位主管: 会计:

复核: 记账:

（二）增值税发票（机打发票）

增值税发票见表 3－2：

表 3－2　广东省增值税普通发票

370013576　　　　　　　　　　　　　　　　　　　　№0058649

校验码　开票日期：

购货单位	名称： 纳税人识别码： 地址 、电话： 开户行及账号：	密码区				加密版本：01 370013576 0058649	
货物或应税劳务名称	规格型号	单位	数量	单价	金额	税率	税额
价税合计（大写）			（小写）				
销货单位	名称： 纳税人识别码： 地址 、电话： 开户行及账号：			备注			

收款人：　　　　复核：　　　　开票人：　　　　销货单位：（章）

（三）收料单

收料单见表 3－3：

表 3－3　收料单

发货单位：　　　　　　　　　　　　　　　　　　凭证编码：

发票号码：　　　　　　　年　月　日　　　　　　收料仓库：

材料编码	材料名称	规格	计量单位	数量		价格	
				应收	实收	单价	金额
备注						合计	

负责人：　　　　记账：　　　　仓库保管：　　　　验收：

（四）领料单

领料单见表 3－4：

表3－4　领料单　　№:0000480

领用部门：　　年　月　日　　发料仓库:01

名称规格	计量单位	数量		实际单价	金额	用途
		请领	实领			
合计						

记账：　　发料人：　　领料人：

（五）领料明细表

领料明细表见表3－5：

表3－5　车间材料领用明细表

生产车间：　　年　月　日

材料名称、规格	单位	单价	计划用量	预计废品（1%）	领用数量

三、完成工作需要的记账凭证

（一）收款、付款、转账凭证

收款、付款、转账凭证见表3－6至表3－8：

表3－6　收款凭证

总字　号

借方科目：　　年　月　日　　收字　号

摘　要	借　方　科　目		金　额									记账
	总账科目	明细科目	百	十	万	千	百	十	元	角	分	
合　计　金　额												

会计主管：　　记账：　　稽核：　　出纳：　　制单：

表3－7　付款凭证

总字　号

贷款科目：　　　　年　月　日　　　　付字　号

摘　要	借　方　科　目		金　额									记账
	总账科目	明细科目	百	十	万	千	百	十	元	角	分	
合　计　金　额												

会计主管：　　记账：　　稽核：　　出纳：　　制单：

表3－8　转账凭证

总字　号

年　月　日　　　　转字　号

摘　要	借　方　科　目		金　额									记账
	总账科目	明细科目	百	十	万	千	百	十	元	角	分	
合　计　金　额												

会计主管：　　记账：　　稽核：　　出纳：　　制单：

（二）通用式记账凭证

通用式记账凭证见表3－9：

表3－9　记账凭证

总字　号

年　月　日　　　　转字　号

摘　要	借　方　科　目		金　额									记账
	总账科目	明细科目	百	十	万	千	百	十	元	角	分	
合　计　金　额												

会计主管：　　记账：　　稽核：　　出纳：　　制单：

四、完成工作需要的相关明细账

（一）生产成本明细账

生产成本明细账见表3－10：

表3－10　车间生产成本明细账

总第　页

成本对象：　　　　　　　　　生产车间：　　　　　　　　　字第　页

年		凭证		摘要	成本项目			合计
月	日	字	号		直接材料	直接人工	制造费用	

（二）制造费用明细账

制造费用明细账见表3－11：

表3－11　制造费用明细账

总第　页

生产车间：　　　　　　　　　字第　页

年		凭证		摘要	借方	贷方	借或贷	余额	（借）方项目				
月	日	字	号						薪酬	折旧	机物料消耗	动力	其他

五、专业知识

不论外购材料还是自制材料，其材料费用的核算方法一样。进行材料费用的核算，应首先归集、计算本期发出材料的成本，即进行材料发出的核算；本期各种材料的发出数量应根据各部门的领料单、领料明细表等发料凭证和退料单等退料凭证进行汇总计算。会计部门应该对发料凭证所列材料的种类、数量和用途等进行审核，检查所领材料的种类、用途是否符合规定，只有经过审核、签章的发料凭证才能据以发料，并据以计算本期发出材料的成本，归集材料费用。

实际工作中，材料的日常收发有按实际成本计价和按计划成本计价两种核算方式，因此，各期发出材料成本的归集计算也分如下两种情况：

（一）按实际成本计价材料发出的核算

在材料日常收发核算按实际成本计价时，发出材料的成本与收入材料成本一样，都应按材料的实际成本计价，其实际成本即为材料的采购成本或自制完工入库材料的生产成本。如果同一种材料因为采购地点、采购数量、生产批次不同等原因造成的实际单位成本不一致，此时，发出材料的实际单位成本可按先进先出法、一次加权平均法、移动加权平均法、个别计价法等方法加以确定，然后根据各种材料的发出数量计算本期发出材料的总成本。

发出材料的总成本 = 发出材料数量 × 发出材料的单位成本

在材料日常收发按实际成本计价方式下，应设置“原材料”账户对材料的收入、发出进行核算：账户的借方登记验收入库材料的实际成本，贷方登记发出材料的实际成本；期末的借方余额，表示库存材料的实际总成本。该账户应按材料品种、规格设立明细账以对材料进行明细核算，明细账的格式一般采用数量金额式，以随时反映库存材料的收入、发出和结存的数量及金额。

（二）按计划成本计价材料发出的核算

1. 账户设置

在材料日常收发按计划成本计价时，材料的收入、发出及结存都按材料的计划单位成本计价，在此方法下，除应设置“原材料”账户按计划成本反映库存材料的增减变动及结存情况外，还应设置“材料采购”和“材料成本差异”账户，用以反映材料采购的实际成本、计划成本、实际成本与计划成本的差异，以及库存材料、发出材料应承担的成本差异。

（1）“材料采购”账户：借方登记购入材料的实际采购成本；贷方登记验收入库材料的计划成本。已验收入库材料的实际成本大于计划成本的差额，为材料采购成本的超支差异，应从该账户的贷方转入“材料成本差异”账户的借方；已验收入库材料的实际成本小于计划成本的差额，为材料采购成本的节约差异，应从该账户的借方转入“材料成本差异”账户的贷方。期末余额在借方，表示已付款但尚未收到或尚未验收入库材料的实际采购成本。

（2）“材料成本差异”账户：借方登记材料成本的超支差异及发出材料应负担的节约差异，贷方登记材料成本的节约差异及发出材料应负担的超支差异。期末如为借方余额，反映企业库存材料的实际成本大于计划成本的差异（即超支差异），期末如为贷方余额，反映企业库存材料的实际成本小于计划成本的差异（即节约差异）。按计划成本反映的“原材料”账户的借方余额，加上“材料成本差异”账户的借方余额或减去其贷方余额，即为库存材料的实际成本。

2. 发出材料实际成本的计算

材料日常收发核算按计划成本计价时，月末，为了正确归集本期材料费用，需将发出材料的计划成本调整为实际成本。

六、实践指南

在实际工作中，有些生产企业还会发生燃料费用，通常情况下，这些燃料费用可以并入材料费用统一核算，因而其归集和分配的方法及程序与材料费用相同。但对燃料费用占总成本比重较大的企业，应增设“燃料”账户对其收入和发出进行单独核算，并与动力费用一起专设“燃料与动力”成本项目进行生产费用的归集。

对单设“燃料及动力”成本项目的企业，直接用于产品生产且分产品单独领用的燃料费用，应根据领、退料凭证直接计入各该产品“基本生产成本”总账及明细账的“燃料与动力”项目；如不是分产品领用，则应采用适当的分配方法，分配计入各有关产品成本的这一成本项目。分配的标准一般有产品的产量、体积、所耗原材料的数量或费用及燃料的定额消耗量或定额费用等。直接用于辅助生产的燃料费用计入“辅助生产成本——××辅助车间”账户的借方，车间一般耗用、企业管理部门耗用、销售部门耗用的燃料费用，应分别计入“制造费用”、“管理费用”、“销售费用”等账户的借方。已领用的燃料总额，应计入“燃料”账户的贷方，如燃料的日常收发按计划成本计价，则月末需计算调整本月发出燃料应负担的成本差异。

第二节　外购动力费用的核算

动力是企业生产经营过程中必不可少的要素。动力费用是指企业耗用的电力、蒸汽等费用。动力按来源不同，分为自制与外购。企业从外单位购入动力所发生的支出称为外购动力费用。外购的动力，有的直接用于产品生产，有的用于照明、办公设备运作等其他用途，因此，动力费用应按用途和使用部门进行归集与分配。

一、工作流程

外购动力费用核算工作流程如图3－5所示：

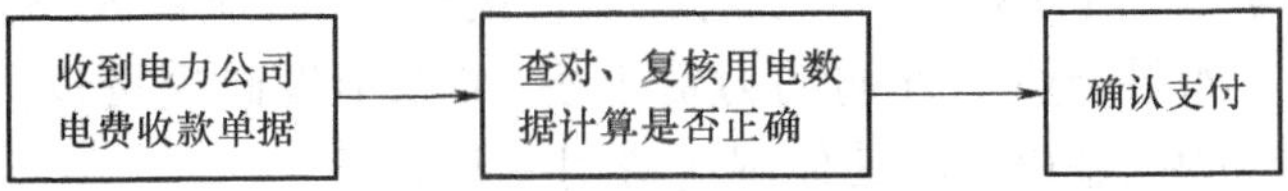

图3－5　外购动力费用核算工作流程图

二、完成工作需要的原始单据

完成工作需要的原始单据见表3－12和表3－13。

表 3－12　广东省电力公司特约委托收款凭证(付款通知)

委托日期:2015 年 07 月 27 日　　　　№524679

<table>
<tr><td rowspan="3">付款人</td><td>名称</td><td>丰华电子有限公司</td><td rowspan="3">收款人</td><td>名称</td><td colspan="10">广东省电力公司</td></tr>
<tr><td>账号或地址</td><td>008450007855500056</td><td>账号或地址</td><td colspan="10">000347800000700782</td></tr>
<tr><td>开户银行</td><td>农行开发区分行</td><td>开户银行</td><td colspan="6">工行大圩支行</td><td colspan="2">行号</td><td colspan="2">007</td></tr>
<tr><td rowspan="2">委托金额</td><td rowspan="2">人民币（大写）</td><td colspan="3" rowspan="2">贰拾伍万陆仟元整</td><td>千</td><td>百</td><td>十</td><td>万</td><td>千</td><td>百</td><td>十</td><td>元</td><td>角</td><td>分</td></tr>
<tr><td></td><td>¥</td><td>2</td><td>5</td><td>6</td><td>0</td><td>0</td><td>0</td><td>0</td><td>0</td></tr>
<tr><td>款项内容</td><td>金额</td><td>款项内容</td><td colspan="2">金额</td><td colspan="10" rowspan="6">付款人注意:
上列款项已全部划给收款人。
该款项不得拒付,如需拒付,应按有关规定,由付款人与收款人自行联系解决</td></tr>
<tr><td>电费</td><td>256 000.00</td><td></td><td colspan="2"></td></tr>
<tr><td></td><td></td><td></td><td colspan="2"></td></tr>
<tr><td></td><td></td><td></td><td colspan="2"></td></tr>
<tr><td></td><td></td><td></td><td colspan="2"></td></tr>
<tr><td></td><td></td><td></td><td colspan="2"></td></tr>
</table>

表 3－13

广东省电费统一发票

发票联 粤国税(276)

发票代码:0013015643346

开票日期:2015 年 7 月 28 日　　　　发票号码:78618156

<table>
<tr><td>用户名</td><td colspan="3">丰华电子有限公司</td><td>用户编号</td><td>586332</td><td>抄表</td><td>6342</td></tr>
<tr><td>地址</td><td colspan="4">工行 008450007855500056</td><td colspan="3" rowspan="2">0235000—0300000 度
0013000—0014933 度</td></tr>
<tr><td>动力电
照明电</td><td>65 000 度
3 000 度</td><td>3.80
3.00</td><td colspan="2">247 000.00
9 000.00</td></tr>
<tr><td colspan="6">金额合计(大写)贰拾伍万陆仟元整</td><td colspan="2">¥256 000.00</td></tr>
</table>

单位(盖章)　　　　开票人:　　　　收款人:张茜

三、专业知识

企业的外购动力费,属于生产工艺过程直接耗用的,应计入“燃料与动力”或“动力费”项目。如果企业的外购动力费不多,可以不设此项目,将发生的外购动力费计入“制造费用”账户随同其他制造费用一并分配。

四、实践指南

企业的外购动力费,凡是能通过计量仪表记录确定每种产品动力耗用量的,各产品承担的动力成本应直接按仪表记录和动力单价确定;不能确定每种产品动力耗用量的,应按各种产品耗用的生产工时或机器工时分配,工时可以采用实际工时，也可以采用定额工时。

第三节　职工薪酬的核算

会计准则规定，职工薪酬是指企业为获得职工提供的服务而给予各种形式的报酬以及其他相关支出。

一、工作流程

职工薪酬核算工作流程如图 3－6 所示。

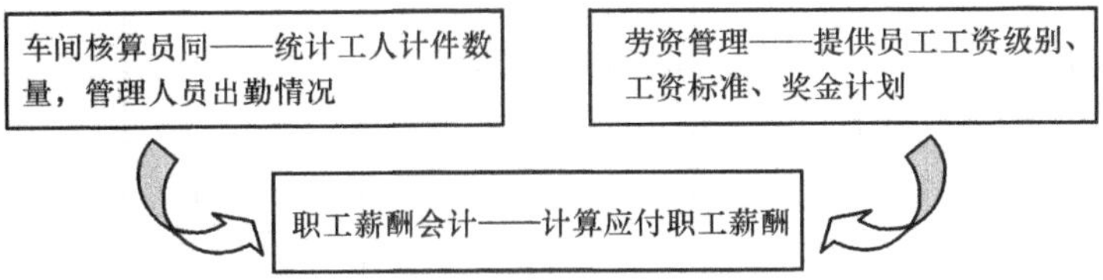

图 3－6　职工薪酬计算工作流程图

二、完成工作需要的原始资料

（1）各部门的工作计算明细表，见表 3－14。

表 3－14　工资计算明细表

2015 年 7 月　　　　单位：元

编号	姓名	工序	单位计件工资	工作量	计件工资	奖金	津贴、补贴	应付工资

（2）各部门的工资结算单，见表 3－15。

（3）工资结算汇总表，见表 3－16。

表 3－15 工资结算单

部门:基本生产车间 2015 年 7 月 单位:元

编号	姓名	单位计件工资	工作量	应付工资					代扣款项					实发工资	签名
				基本工资	奖金	津贴补贴	病事假扣款	小计	养老保险	失业保险	医疗保险	住房公积金	小计		
合 计															

表 3－16 工资结算汇总表

单位:丰华电子器材厂　　2015 年 7 月　　单位:元

部门人员		职工人数	基础工资	奖金	津贴补贴	应扣工资		应付工资	代扣款项					实发工资
						病假	事假		养老保险	失业保险	医疗保险	住房公积金	小计	
基本生产车间	生产工人													
	管理人员													
运输车间														
机修车间														
工程部														
行政管理人员														
销售部														
合　计														

三、专业知识

职工薪酬包括：

(1)职工工资、奖金、津贴和补贴。职工工资、奖金、津贴和补贴是指按国家统计局的规定构成工资总额的计时工资、计件工资、支付给职工的超额劳动报酬和增收节支的劳动报酬，为了补偿职工特殊或额外的劳动消耗和因其他特殊原因支付给职工的津贴，以及为了保证职工工资水平不受物价影响支付给职工的物价补贴。

(2)职工福利费。职工福利费是指企业为职工提供福利，如为补助职工食堂、生活困难等从成本和费用中提取的金额。

(3)社会保险费。社会保险费是指医疗保险费、养老保险费、失业保险费、工伤保险费和生育保险费等社会保险费。

(4)住房公积金。住房公积金是指企业按照国家规定的基准和比例计算，向住房公积金管理机构缴存的住房公积金。

(5)工会经费和职工教育经费。工会经费和职工教育经费是指企业为了改善职工文化生活、提高职工业务素质用于开展工会活动和职工教育及职业技能培训，根据国家规定的基准和比例，从成本和费用中提取的金额。

(6)非货币性福利。非货币性福利是指企业以自产产品发放给职工作为福利、将企业拥有的资产无偿提供给职工使用、为职工无偿提供医疗保健服务等。

(7)因解除与职工的劳动关系给予的补偿。

(8)其他与获得职工提供的服务相关的支出。

四、实践指南

工资的计算是企业向职工支付工资和按用途分配工资费用的依据。生产企业可以根据具体情况采用各种不同的工资制度，其中最基本的工资制度是计时工资制度和计件工资制度。

(一)计时工资的计算

根据《全国年节及纪念日放假办法》(国务院令第 513 号)的规定，全体公民的节日假期由原来的 10 天增设为 11 天，用人单位在法定节假日也应当依法支付工资。

年工作日：365 天 − 104 天(休息日) − 11 天(法定节假日) = 250 天；

月工作日：250 天 ÷ 12(月) = 20.83 天。

工作小时数的计算：以月、季、年的工作日乘以每日的 8 小时。

日工资：月工资收入 ÷ 21.75 天(月计薪天数)；

时工资：月工资收入 ÷ (月计薪天数 × 8 小时)；

月计薪天数：(365 天 − 104 天) ÷ 12(月) = 21.75 天。

目前，计时工资的计算方法有年薪制、月薪制、周薪制、日薪制、钟点工资制等。具体算法如下：

某职工本月应得工资 = 该职工月标准工资 − (事假天数 × 日标准工资) − (病假天数 × 日标准工资 × 病假扣款率)

【例 3－1】某企业某工人的月工资标准为 2 000 元。8 月份 31 天，事假 4 天，周末休假 10 天，出勤 15 天，病假 2 天。根据该工人的工龄，其病假工资按工资标准的 90% 计算，该工人在病假和事假期间没有节假日，试计算该工人本月应得工资。

日工资标准 = 2 000 ÷ 21.75 = 91.95(元)

某职工本月应得工资 = 2 000 − 4 × 91.95 − 2 × 91.95 × 10% = 1 613.81(元)

【例 3－2】某企业某工人的月工资标准为 2 000 元。8 月份 31 天，事假 4 天，(期间有 2 天遇双休日)，周末休假 8 天，出勤 17 天，病假 2 天。根据该工人的工龄，其病假工资按工资标准的 90% 计算，该工人在病假和事假期间没有节假日，试计算该工人本月应得工资。

日工资标准 = 2 000 ÷ 21.75 = 91.95(元)

某职工本月应得工资 = 2 000 − 2 × 91.95 − 2 × 91.95 × 10% = 1 797.71(元)

(二) 计件工资的计算

计件工资是根据有关产量记录和规定的计件单价计算的工资额。按照结算对象不同，可分为个人计件工资和集体计件工资两种。

1. 个人计件工资的计算

个人计件工资的计算应根据产量记录中每一职工个人完成的产品产量分别按下列公式计算：

应付工资额 = 产品产量 × 计件单价

式中的产品产量包括合格品产量和不是由于工人本人过失造成的不合格品数量(如料废产品数量)。对于后者，如未完成整个加工过程，则应按生产工人完成的定额工时计算计件工资。由于工人本人过失造成的不合格品，不应计付工资，有的还应由工人赔偿损失。

【例 3－3】职工王某本月加工完成 A 产品 100 件，均为合格产品。完成 B 产品 200 件，其中合格品 190 件，工废 2 件，料废 8 件，料废 8 件中完工后发现 5 件，其余 3 件是在加工过程中发现的，3 件产品共完成定额工时 60 分钟。A 产品的定额工时 20 分钟，B 产品定额工时 40 分钟。标准小时工资率为 15 元/小时。则：

A 产品计件单价 = 15 × 20 ÷ 60 = 5(元)

B 产品计件单价 = 15 × 40 ÷ 60 = 10(元)

王某应得工资额 = 100 × 5 + (190 + 5 + 60 ÷ 40) × 10 = 2 465(元)

2. 集体计件工资的计算

按生产小组等集体计件工资的计算方法与上述相同。不同之处是：集体计件工资还要在集体内部各工人之间按照贡献大小进行分配。由于工人的级别或工资标准一般体现工人劳动的质量和技术水平,工作时间一般体现劳动数量,因而集体内部的工资大多按每人的工资标准和工作日数(或工时数)的乘积为比例进行分配。

【例3-4】某生产小组由甲、乙、丙三人组成,完成某项工程获得集体计件工资18 000元。该三人的工资标准分别为15元/小时、20元/小时和25元/小时,出勤时间分别为140小时、150小时和156小时。三人计件工资分配计算如下:

$$\text{分配率} = 18\,000 \div (15 \times 140 + 20 \times 150 + 25 \times 156) = 2$$

甲工人应得工资额:$140 \times 15 \times 2 = 4\,200$(元)

乙工人应得工资额:$150 \times 20 \times 2 = 6\,000$(元)

丙工人应得工资额:$156 \times 25 \times 2 = 7\,800$(元)

合计 18 000(元)

第四节　其他费用的核算

其他费用是指除了前面所述的直接材料、外购动力、职工薪酬等费用以外的各项要素费用,主要包括固定资产折旧费、利息费用、修理费、税金、差旅费、办公费、通信费、租赁费、印刷费、书报费、排污费、保险费、实验检验费等。

一、工作流程

以企业常见的水费支付业务为例。

(一)水费支付流程

水费支付流程如图3-7所示。

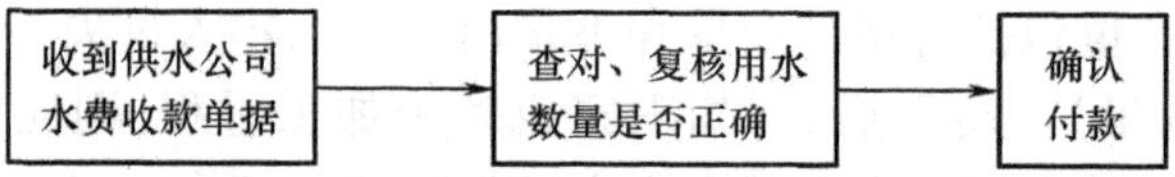

图3-7　水费支付流程图

(二)其他工作

如购买零星材料,其支付流程类似于采购大宗材料的支付流程。

二、完成工作需要的原始单据

(一)水费支付需要的原始单据

完成工作需要的原始单据见表3-17和表3-18。

表 3－17　广东省自来水公司特约委托收款凭证(付款通知)

委托日期:2015 年 07 月 27 日　　　　№52679

<table>
<tr><td rowspan="3">付款人</td><td>名称</td><td>丰华电子有限公司</td><td rowspan="3">收款人</td><td>名称</td><td colspan="10">广东省电力公司</td></tr>
<tr><td>账号或地址</td><td>008450007855500056</td><td>账号或地址</td><td colspan="10">10002463198973</td></tr>
<tr><td>开户银行</td><td>农行开发区分行</td><td>开户银行</td><td colspan="6">工行大圩支行</td><td colspan="2">行号</td><td colspan="2">007</td></tr>
<tr><td rowspan="2">委托金额</td><td rowspan="2">人民币（大写）</td><td colspan="3" rowspan="2">叁仟贰佰叁拾元整</td><td>千</td><td>百</td><td>十</td><td>万</td><td>千</td><td>百</td><td>十</td><td>元</td><td>角</td><td>分</td></tr>
<tr><td></td><td></td><td></td><td>¥</td><td>3</td><td>2</td><td>3</td><td>0</td><td>0</td><td>0</td></tr>
<tr><td>款项内容</td><td>金额</td><td>款项内容</td><td>金额</td><td colspan="11" rowspan="6">付款人注意:
1. 上列款项已全部划给收款人
2. 该款项不得拒付,如需拒付,应按有关规定,由付款人与收款人自行联系解决</td></tr>
<tr><td>电费</td><td>3 230.00</td><td></td><td></td></tr>
<tr><td></td><td></td><td></td><td></td></tr>
<tr><td></td><td></td><td></td><td></td></tr>
<tr><td></td><td></td><td></td><td></td></tr>
<tr><td></td><td></td><td></td><td></td></tr>
</table>

表 3－18　广东省水费统一发票

发 票 联

发票代码:0013015643346

2015 年 7 月 27 日　　　　发票号码:15678618

<table>
<tr><td>用户名称</td><td colspan="4">丰华电子有限公司</td><td>编号</td><td colspan="2">10376</td></tr>
<tr><td>用水类型</td><td>本月指标数</td><td>用水量</td><td>单价</td><td>金额</td><td>排污费</td><td>滞纳金</td><td>金额</td></tr>
<tr><td>工业供水</td><td></td><td>8 507</td><td>0.38</td><td>3 230.00</td><td></td><td></td><td></td></tr>
<tr><td></td><td></td><td></td><td></td><td></td><td></td><td></td><td></td></tr>
<tr><td></td><td></td><td></td><td></td><td></td><td></td><td></td><td></td></tr>
<tr><td></td><td></td><td></td><td></td><td></td><td></td><td></td><td></td></tr>
<tr><td></td><td></td><td></td><td></td><td></td><td></td><td></td><td></td></tr>
<tr><td>金额合计</td><td colspan="7">叁仟贰佰叁拾元整　¥3 230.00</td></tr>
<tr><td colspan="2">供水单位名称</td><td colspan="2"></td><td colspan="2">纳税人识别号</td><td colspan="2"></td></tr>
</table>

供水单位(章)　　　　开票人:　　　　收款人:李玉

(二)购置需要的原始单据

(略)

三、专业知识

根据国家规定,上述其他费用的支出应按发生的车间、部门和费用的用途归集:

(1)与产品生产有关的计入产品成本费用,即借记“制造费用”;

(2)属于企业行政管理部门和销售部门的则作为期间费用处理,并不计入产

品成本,分别借记"管理费用"、"销售费用"账户;

(3)对外出租的固定资产的折旧费,记入"其他业务成本"账户。

四、实践指南

本章节主要介绍了要素费用核算的日常处理工作。要素费用主要包括材料费用、燃料费用、外购动力费用、职工薪酬、固定资产折旧费用及利息支出等费用。

要素费用的核算,就是对企业在生产经营管理过程中发生的各项要素费用进行审核、控制并加以归集,然后按谁受益、谁负担的原则在有关产品和部门之间进行分配的过程。要素费用的核算是计算各种产品成本和各项期间费用的基础,是整个成本核算工作的第一步,只有通过要素费用的核算,才可以划清生产经营管理费用与非生产经营管理费用的界限,以及生产费用与经营管理费用的界限。所以,要素费用核算的正确与否,直接影响着整个成本核算结果的真实性和可靠性,是成本核算的重要内容。

要素费用虽然种类较多、作用不同,但其核算的基本程序大致相同,一般可概括如下:

(一)对各项要素费用进行审核、控制,归集计算本期各要素费用的发生额

会计人员首先应对当月发生的要素费用进行审核,确定其费用应不应该开支,对不符合规定的开支要严加控制,防止乱计和少计成本;对应该开支的费用也应尽量节约。根据经过审核的原始凭证,分别归集计算各要素费用的本期发生额。

(二)将各项要素费用分别按用途在有关受益产品、部门之间进行分配

对于直接用于产品生产并专设成本项目的各要素费用,如:产品生产耗用的材料费用、生产工人工资费用等,如属某种产品的直接费用则应直接计入受益产品"基本生产成本"总账及所属明细账的相应成本项目;如属几种产品共同耗用的间接费用,则应采用一定的分配方法在各受益产品之间进行分配后,再计入产品成本总账及相应明细账的有关成本项目。

对于虽用于产品生产但没有专门设立成本项目的费用(如生产用机器设备的折旧费、修理费等)以及车间为组织管理产品生产而发生的要素费用(如车间管理人员工资费用等),应分配计入制造费用。

对于各辅助生产车间耗用的要素费用,则应分配计入辅助生产成本。

对于企业管理部门用于组织和管理生产经营活动、销售部门用于产品销售、财务部门用于筹集生产经营资金而发生的各项要素费用,则应按用途分别计入管理费用、销售费用或财务费用。

对于用于固定资产建设而耗用的要素费用,属于非生产经营管理费用,应计入"在建工程"账户中。

实际工作中，各项要素费用的分配，都需编制相应的费用分配表，表中应列示费用的分配去向及金额；根据费用分配表，编制会计分录，并据以登记各种成本、费用总账及明细账。

第四章　成本核算的期末结转工作

第一节　材料费用的归集与分配

对于生产过程中发生的材料费用,应首先按其发生的地点和用途进行归集,然后再采用适当的方法进行分配。

一、工作流程

材料费用归集与分配工作的流程如图 4－1 所示:

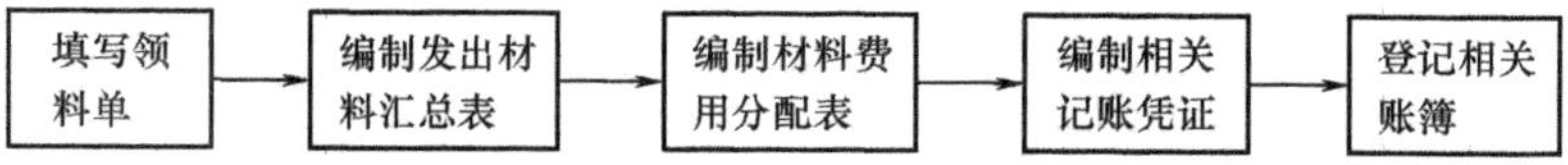

图 4－1　材料费用归集与分配工作流程图

二、专业知识

企业生产经营过程中耗用的所有材料,不论是自制材料,还是外购材料,都应根据审核无误的领、退料凭证,按材料的具体用途进行分配:产品生产直接耗用的材料,计入基本生产成本;辅助生产车间耗用的材料,计入辅助生产成本;生产车间一般消耗的材料,计入制造费用;管理部门消耗的材料,计入管理费用;专设销售机构消耗的材料,计入销售费用。

其中,企业产品生产直接耗用的材料,应在产品成本明细账中设"直接材料"项目进行归集:凡是一种产品单独耗用的材料,则直接计入该产品的成本明细账;凡是几种产品共同耗用的材料,则应选择既合理又简便的方法在有关受益产品之间进行分配,计入有关产品成本明细账。

几种产品共同耗用的材料费用,其分配方法主要有:重量比例分配法、定额消耗量比例分配法和定额成本比例分配法。

(一)重量比例分配法

它是以各种产品重量为标准来分配材料费用的方法。当企业生产的几种产品共同耗用某种材料,耗用量的多少与产品重量有密切关系时,可采用重量比例分配法。

【例 4－1】中城钢制品厂 2010 年 6 月生产 A、B、C 三种产品,本月三种产品共同耗用甲材料 240 000 元;根据产量记录,本月三种产品净重分别为 1 000 千克、

2 000千克、3 000 千克。

中城钢制品厂 2010 年 6 月耗用材料汇总表如表 4－1 所示：

表 4－1　耗用材料汇总表

2015 年 6 月　　　　单位：元

领料部门及用途	甲材料	乙材料	丙材料	丁材料	合计
1. 基本生产车间					525 040
(1)生产 A、B、C 产品共同领用	240 000	96 000	139 040		475 040
(2)A 产品直接领用	10 000				10 000
(3)B 产品直接领用		20 000			20 000
(4)车间一般耗用				20 000	20 000
2. 辅助生产车间					12 000
其中：机修车间			10 000		10 000
供电车间				2 000	2 000
3. 行政管理部门				12 000	12 000
4. 专设销售部门				10 000	10 000
合　计	250 000	116 000			559 040

分析：甲材料是 A、B、C 三种产品共同耗用的，要分配给 A、B、C 三种产品；有产品净重的资料，可采用重量比例分配材料费用。

计算甲材料费用的分配率。

$$直接材料费用分配率=\frac{各种产品共同耗用的材料费用}{各种产品重量之和}$$

计算 A、B、C 三种产品应分配的甲材料费用，编制直接材料费用分配表，如表 4－2所示。

某种产品应负担的费用＝该产品总重量×直接材料费用分配率

表 4－2　材料费用分配表

材料名称：甲材料　　　　2015 年 6 月

产品名称	产品重量(千克)	分配率	分配金额(元)
A 产品	1 000		40 000
B 产品	2 000		80 000
C 产品	3 000		120 000
合　计	6 000	40	240 000

(二)定额消耗量比例分配法

它是根据各种产品原材料定额消耗量比例分配材料费用的方法。它可按照直接材料费用分配率计算方法的不同，分为直接法和间接法。

1. 直接法

【例4－2】根据表4－1资料，中城钢制品厂2010年6月生产的A、B两种产品共耗用乙材料6 000千克，每千克16元，计96 000元；根据产量记录，本月生产A产品1 200件，单位A产品材料消耗定额2千克；本月生产B产品800件，单位B产品材料消耗定额3千克。

分析：乙材料是A、B两种产品共同消耗的，要分配给A、B两种产品；有材料消耗定额的资料，可采用定额消耗量比例分配材料费用。

分别计算A、B两种产品定额消耗量。

某产品材料的定额消耗量＝该产品实际产量×单位产品材料定额耗用量

计算乙材料费用的分配率。

$$直接材料费用分配率=\frac{各种产品共同耗用的材料费用}{各种产品原材料定额消耗量之和}$$

计算A、B两种产品应分配的乙材料费用，编制直接材料费用分配表如表4－3所示。

某产品应分配费用＝该产品材料的定额消耗额×直接材料费用分配率

表4－3　材料费用分配表

材料名称：乙材料　　　　2015年6月

产品名称	产品产量(件)	单位产品材料定额耗用量(千克)	产品材料定额消耗量(千克)	材料费用分配率	分配金额(元)
A产品	1 200	2	2 400		48 000
B产品	800	3	2 400		48 000
合　计			4 800	20	96 000

2. 间接法

仍用例4－2资料。

分析：乙材料是A、B两种产品共同消耗的，要分配给A、B两种产品；有材料消耗定额的资料，可采用定额消耗量比例分配材料费用。

分别计算A、B两种产品定额消耗量。

某产品材料的定额消耗量＝该产品实际产量×单位产品材料定额耗用量

计算乙材料费用的分配率。

$$直接材料费用分配率=\frac{各种产品共同耗用的材料数量}{各种产品原材料定额消耗量之和}$$

分别计算A、B两种产品实际材料消耗量。

某产品实际材料消耗量＝该产品的定额材料消耗量×直接材料费用分配率

计算A、B两种产品应分配的乙材料费用，编制直接材料费用分配表如表4－4所示。

某产品应分配费用 = 该产品实际材料消耗量×材料单价

表 4-4 直接材料费用分配表

材料名称：乙材料　　　　2015 年 6 月

产品名称	产品产量(件)	单位产品材料定额耗用量(千克)	材料定额消耗量(千克)	材料消耗量分配率	材料实际消耗量(千克)	材料单价(元)	分配金额(元)
A 产品	1 200	2	2 400		3 000	16.00	48 000
B 产品	800	3	2 400		3 000	16.00	48 000
合　计			4 800	1.25	6 000	16.00	96 000

（三）定额成本比例分配法

它是根据产品材料定额成本的比例分配材料费用的方法。在多种产品耗用多种材料的情况下，可采用这种方法。

【例 4-3】根据表 4-5 资料，中城钢制品厂 2010 年 6 月生产的 A、B 两种产品，共同耗用丙、丁两种材料，共计 139 040 元，根据产量记录，本月生产 A 产品 1 200件，单位 A 产品丙材料消耗定额 3 千克，丁材料消耗定额 4 千克；本月生产 B 产品 800 件，单位 B 产品丙材料消耗定额 4.5 千克，丁材料消耗定额 2.5 千克。丙材料单价 10 元，丁材料单价 8 元。采用定额成本比例分配材料费用。丙、丁两种材料费用分配表如表 4-9 所示。

分析：丙、丁材料是 A、B 两种产品共同消耗的，要分配给 A、B 两种产品；有定额成本比例的资料，可采用定额成本比例分配材料费用。

分别计算 A、B 两种产品定额成本。

某产品材料的定额成本 = 该产品实际产量×单位产品材料费用定额

计算乙材料费用的分配率。

$$\text{直接材料费用分配率} = \frac{\text{各种产品共同耗用的材料费用}}{\text{各种产品原材料定额成本之和}}$$

分别计算 A、B 两种产品应分配的丙材料、丁材料费用，编制直接材料费用分配表如表 4-5 所示。

某产品应负担的直接材料费用 = 该产品材料的定额成本×直接材料费用分配率

表 4-5 丙、丁两种材料费用分配表

2015 年 6 月

产品名称	产品产量(件)	丙材料(元)			丁材料(元)			分配率	材料分配金额合计(元)
		单位产品定额成本	材料消耗定额成本	分配金额	单位产品定额成本	材料消耗定额成本	分配金额		
A 产品	1 200	30	36 000	39 600	32	38 400	42 240		818 400
B 产品	800	45	36 000	39 600	20	16 000	17 600		57 200
合　计	139 040		72 000	79 200		54 400	59 840	1.1	139 040

期末根据“领料单”、“耗用材料汇总表”和“材料费用分配表”等资料编制材料分配汇总表，然后进行分配结转材料费用的账务处理。

中城钢制品厂2015年6月耗用材料分配汇总表如表4-6所示：

表4-6　耗用材料分配汇总表

2015年6月　　　　单位：元

领料部门及用途	甲材料	乙材料	丙材料	丁材料	合计
1. 基本生产车间	250 000	116 000	79 200	79 840	525 040
(1)生产产品小计	250 000	116 000	79 200	59 840	505 040
其中：A产品	50 000	48 000	39 600	42 240	179 840
B产品	80 000	68 000	39 600	17 600	205 200
C产品	120 000				120 000
(2)车间一般耗用				20 000	20 000
2. 辅助生产车间			10 000	2 000	12 000
其中：机修车间			10 000		10 000
供电车间				2 000	2 000
3. 行政管理部门				12 000	12 000
4. 专设销售部门				10 000	10 000
合　计	250 000	116 000	89 200	103 840	559 040

据此编制会计分录如下：

借：基本生产成本——A产品　179 840
　　　　　　　　——B产品　205 200
　　　　　　　　——C产品　120 000
　　辅助生产成本——机修车间　10 000
　　　　　　　　——供电车间　2000
　　制造费用　20 000
　　管理费用　12 000
　　销售费用　10 000
　贷：原材料——甲材料　250 000
　　　　　　——乙材料　116 000
　　　　　　——丙材料　89 200
　　　　　　——丁材料　103 840

三、实践指南

根据仓库部门提供的大宗原材料领用统计数，当月生产的发出材料根据各车间依据生产计划及生产能力所领用材料的领料凭证进行汇总，编制发出材料汇总表。若材料损耗、废品率在1%左右，月末基本没有剩余原材料，则不需要进行退库处理；但如果剩余材料过多，则要进行退库处理，并冲减材料费用。

原材料平时不断投入生产车间中，一般不是对每笔发出业务都编制会计分录，而是在月末按材料部门汇总当月的合计数一次性地编制会计分录。编制材料分配汇总表时，企业应当将直接计入和分配计入的费用合并。

第二节 外购动力费用的归集与分配

外购动力费用的归集，就是确定本期外购动力费用的发生额。工作中一般以计量仪器仪表所显示的用量乘以供应单价来计算应支付给供应单位的款项，即为本期耗费的外购动力费用发生额。外购动力费用的分配，应按用途进行。实际工作中，各车间、部门的动力使用情况一般都分别装有计量仪器，因此，应根据各部门、各产品计量仪器所显示的耗用的动力数量和单价按用途分配。

一、工作流程

外购动力费用归集与分配工作的流程如图4－2所示：

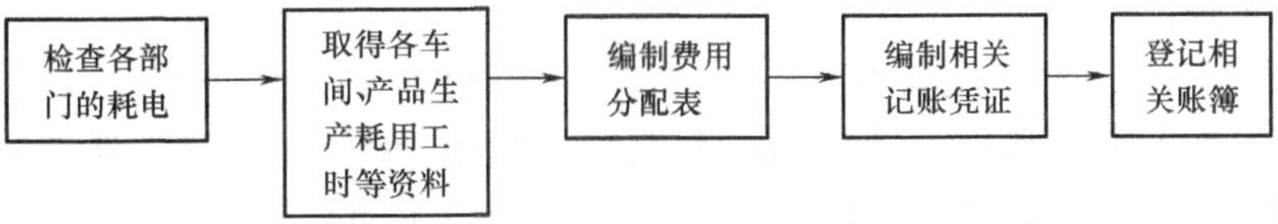

图4－2 外购动力费用归集与分配工作流程图

二、专业知识

外购动力费按权责发生制的基础进行确认和计量。凡是直接用于产品生产的动力费用，应该单独计入相关产品成本的“燃料与动力”成本项目（如企业未专设“燃料与动力”成本项目，则用于基本生产的动力费用计入制造费用）；用于辅助生产的外购动力费用，计入各辅助生产成本明细账的“动力费”项目；基本生产车间一般耗用的外购动力费用，应计入制造费用明细账的“水电费”项目，企业管理部门以及专设销售机构一般耗用的外购动力费用，应计入“管理费用”、“销售费用”等明细账的相应费用项目。

对于没有按产品分别安装计量仪器的外购动力费用，一般应按产品的生产工时比例、机器工时比例、定额耗用量等分配标准在各产品之间进行分配后，再计入有关产品生产成本明细账。

【例4－4】中城钢制品厂2015年6月生产A、B、C三种产品，本月三种产品共同耗用外购动力费60 000元；根据记录，本月三种产品产实际生产工时分别为2 000小时、4 000小时、6 000小时。采用生产工时分配法分配外购动力费用，外购动力费用分配表如表4－7所示。

表4－7　外购动力费用分配表

2015年6月

产品名称	生产工时(小时)	分配率	分配金额(元)
A产品	2 000		10 000
B产品	4 000		20 000
C产品	6 000		30 000
合计	12 000	5	60 000

分析：本月外购动力费60 000元是A、B、C三种产品共同耗用的，要分配给A、B、C三种产品；有产品的实际生产工时记录，可采用生产工时分配法分配外购动力费用。

计算费用分配率。

$$费用分配率=\frac{各种产品共同耗用的动力费用}{各种产品生产工时之和}$$

分别计算A、B、C三种产品应分配的外购动力费用，编制外购动力费用分配表如表4－8所示：

某产品应分配的费用＝该产品实际生产工时×费用分配率

根据“外购动力耗用汇总表”和“外购动力费用分配表”，编制“外购动力费用耗用分配汇总表”表，然后进行分配结转外购动力费用的账务处理。

表4－8　外购动力耗用汇总表

2015年6月

使用部门	金额(元)
1. 基本生产车间	64 000
其中：生产产品用	60 000
车间一般耗用	4 000
2. 辅助生产车间	9 000
其中：机修车间	9 000
3. 行政管理部门	6000
4. 专设销售部门	1 000
合　计	80 000

表4－9 外购动力耗用分配汇总表

2015年6月　　　　　　单位:元

使用部门	金 额
1.基本生产车间	64 000
(1)生产产品小计	60 000
其中:A产品	10 000
B产品	20 000
C产品	30 000
(2)车间一般耗用	4 000
2.辅助生产车间	9 000
其中:机修车间	9 000
3.行政管理部门	6 000
4.专设销售部门	1 000
合 计	80 000

根据表4－7和表4－8编制表4－9,然后编制会计分录如下:

借:基本生产成本——A产品　　10 000
　　　　　　　　——B产品　　20 000
　　　　　　　　——C产品　　30 000
　辅助生产成本——机修车间　　9 000
　制造费用　　4 000
　管理费用　　6 000
　销售费用　　1 000
贷:应付账款　　80 000

三、实践指南

外购动力费在付款时,按理应直接借记各相关成本、费用账户,贷记"银行存款"账户。但在实际工作中,由于动力供应单位开列账单的起讫日期往往与会计期间不一致,外购动力费一般不是在每月末支付,而是在每月下旬或下月的某日支付。若在实际支付时就直接借记各成本、费用账户,贷记"银行存款"账户,则该日计入的动力费并不完全是当月的动力费,而是上月付款日到本月付款日这一期间的动力费。为了正确计算当月动力费,一般在付款时先借记"应付账款"账户,贷记"银行存款"账户,月末按外购动力的用途分配费用时再借记各成本、费用账户,贷记"应付账款"账户,以冲销原先记入"应付账款"的账户借方的暂借款。这样,"应付账款"账户月末若为借方余额,则为本月多付或待分配的动力费,可在下月抵销或分配;若为贷方余额,则为本月应付未付的动力费,可以再下月支付。如果每月支付动力费的日期基本固定,而且每月付款日到月末的应付动力费相差不大时,也可不通过“应付账款”账户,而将每月支付的动力费直接借记各成本、费用账户,贷记“银行存款”账户,每月分配、登记一次动力费。

第三节　职工薪酬的归集与分配

一、工作流程

职工薪酬归集与分配工作的流程如图4－3所示。

图4－3　职工薪酬归集与分配工作流程图

二、专业知识

(一)职工薪酬费用核算的原始凭证

采用计时工资的企业,一般以考勤记录为原始凭证,常见的有考勤簿、考勤卡等;采用计件工资的企业,应以产量记录作为原始凭证,常见的有工作通知单、工序进程单和工作班产量报告表等。

表4－10　生产工时记录

2015年6月　　单位:工时

人员类别	A产品	B产品	C产品
基本生产车间	2 000	4 000	6 000

表4－11　考勤记录

2015年6月

部门代码	姓　名	工资级别	日标准工资(元)	病假天数	事假天数
01	张华	6	35		1
01	李明	4	28	2	1
01	王强	5	31		
01	……				

(二)职工薪酬费用的归集

企业应当根据职工提供服务的受益对象,对每月发生的职工薪酬费用进行归集。

2015年6月，中城钢制品厂根据本月考勤记录和工资结算凭证，编制工资结算汇总表如表4－12所示：

表4－12　工资结算汇总表

2015年6月　　单位：元

人员类别	职工工资				合　计
	计时工资	奖金	津贴和补贴	加班工资	
1. 基本生产车间	160 000	21 000	6 000	5 000	192 000
其中：(1)产品生产工人	150 000	20 000	5 000	5 000	180 000
(2)车间管理人员	10 000	1 000	1 000		12 000
2. 辅助生产车间	18 000		1 000	1 000	20 000
其中：(1)机修车间	10 000		1 000	1 000	12 000
(2)供电车间	8 000				8 000
3. 行政管理部门	20 000				20 000
4. 专设销售部门	9 000	1 000			10 000
合　计	207 000	22 000	7 000	6 000	242 000

企业每月除了按照按劳分配原则支付员工工资以外，还应按照国家规定的基准和比例计算为职工缴纳缴纳社会保险费、住房公积金等。

中城钢制品厂2015年6月为职工缴纳的社会保险费、住房公积金汇总表如表4－13所示。

表4－13　社会保险费、住房公积金汇总表

2015年6月　　单位：元

人员类别	社会保险费	住房公积金	合计
1. 基本生产车间	61 440	23 040	84 480
其中：(1)产品生产工人	57 600	21 600	79 200
(2)车间管理人员	3 840	1 440	5 280
2. 辅助生产车间	6 400	2 400	8 800
其中：(1)机修车间	3 840	1 440	5 280
(2)供电车间	2 560	960	3 520
3. 行政管理部门	6 400	2 400	8 800
4. 专设销售部门	3 200	1 200	4 400
合　计	77 440	29 040	106 480

表4－13计算的社会保险费的比例为32%，住房公积金的比例为12%，是单位承担的那部分，而不是个人缴纳的部分。

（三）职工薪酬费用的分配

1. 分配方法

（1）企业支付给基本生产车间生产工人的薪酬费用是采用计件工资结算的，可直接计入到各种产品成本。

（2）企业支付给基本生产车间生产工人的薪酬费用是采用计时工资结算的，若只生产一种产品，可直接计入该产品成本；若生产多种，需要按一定的标准分配计入各种产品成本。

直接人工费用的分配方法有实际生产工时分配法、定额工时分配法、产品产量分配法等，通过分配，编制“直接人工费用分配表”。

2. 具体计算

生产工时分配法，是指以产品的实际生产工时作为分配标准，分配工资费用的计算方法。在计时工资制下，生产工时的多少与工资费用的多少直接相关，因此，这种方法是比较合理的。

【例4－5】中城钢制品厂采用计时工资，2015年6月支付给基本生产车间生产工人工资总额为180 000元，按生产工人工资总额提取的社会保险费为57 600元，住房公积金为21 600元。根据记录，本月 生产A、B、C三种产品的实际生产工时分别为2 000小时、4 000小时、6 000小时。

分析：本月直接人工费用是A、B、C三种产品共同耗用的，要分配给A、B、C三种产品；有产品的实际生产工时记录，可采用生产工时分配法分配直接人工费用。

计算费用分配率。

$$费用分配率=\frac{应分配的直接人工费用}{各种产品生产工时之和}$$

分别计算A、B、C三种产品应分配的直接人工费用，编制直接人工费用分配表如表4－14所示。

某产品应分配费用＝该产品实际生产工时×费用分配率

表4－14　直接人工费用分配表

2015年6月

产品名称	实际生产工时	工资		社会保险费		住房公积金		分配金额合计（元）
		分配率	分配金额（元）	分配率	分配金额（元）	分配率	分配金额（元）	
A产品	2 000	—	30 000	—	9 600	—	3 600	43 200
B产品	4 000	—	60 000	—	19 200	—	7 200	86 400
C产品	6 000	—	90 000	—	28 800	—	10 800	129 600
合　计	12 000	15	180 000	4.8	57 600	1.8	21 600	259 200

3. 分配结转职工薪酬费用的账务处理

根据“工资结算汇总表”、“社会保险费、住房公积金计算表”等凭证，编制“直接人工费用分配表”，然后进行分配结转职工薪酬费用的账务处理。

直接进行产品生产的生产工人的工资和按照工资总额一定比例计算为职工缴纳的社会保险费、住房公积金等记入“基本生产成本”账户；辅助生产车间人员的工资和按照工资总额一定比例计算为职工缴纳的社会保险费、住房公积金等记入“辅助生产成本”账户；生产车间管理人员的工资和社会保险费、住房公积金等记入“管理费用”账户；专设销售部门人员的工资和社会保险费、住房公积金等记入“销售费用”账户。

根据表 4－12、表 4－13 和表 4－14 的资料，编制会计分录如下：

借：基本生产成本——A 产品　　43 200
　　　　　　　　——B 产品　　86 400
　　　　　　　　——C 产品　　129 600
　　辅助生产成本——机修车间　　17 280
　　辅助生产成本——供电车间　　11 520
　　制造费用　　17 280
　　管理费用　　28 800
　　销售费用　　14 400
　贷：应付职工薪酬——职工工资　　242 000
　　　　　　　　　——社会保险费　　77 440
　　　　　　　　　——住房公积金　　29 040

三、实践指南

“五险一金”指：养老保险、医疗保险、失业保险、生育保险、工伤保险和住房公积金。按《社会保险费征缴暂行条例》的规定，国有企业、城镇集体企业、外商投资企业、城镇私营企业和其他城镇企业及其职工，都是基本养老保险金、基本医疗保险金和失业保险金的征缴范围。

计算方法是：

基本养老保险金 = 工资 ×6%（个人缴纳比例）+ 工资 ×25.5%（单位缴纳比例）

基本医疗保险金 = 工资 ×1%（个人缴纳比例）+ 工资 ×5.5%（单位缴纳比例）

失业保险金 = 工资 ×1%（个人缴纳比例）+ 工资 ×1%（单位缴纳比例）

住房公积金 = 工资 ×12%（个人缴纳比例）+ 工资 ×12%（单位缴纳比例）

说明：工资为职工本人上一年度月平均工资数；各省市依据各自规定，如：北京没有生育保险的强制性规定。

第四节 其他费用的归集与分配

在生产企业其他费用核算工作中,固定资产折旧是最常见的核算内容。《企业会计准则第4号——固定资产》第十四条规定:除已提足折旧仍继续使用的固定资产和单独计价入账的土地外,其余应计提折旧。企业应按月计提固定资产折旧,即:当月增加的固定资产,当月不提折旧,下月起计提折旧;当月减少的固定资产,当月仍提折旧,下月起停止计提折旧。固定资产可采用的折旧方法有:平均年限法、工作量法、双倍余额递减法和年数总和法等。

一、工作流程

固定资产折旧计提业务的处理流程如图4-4所示。

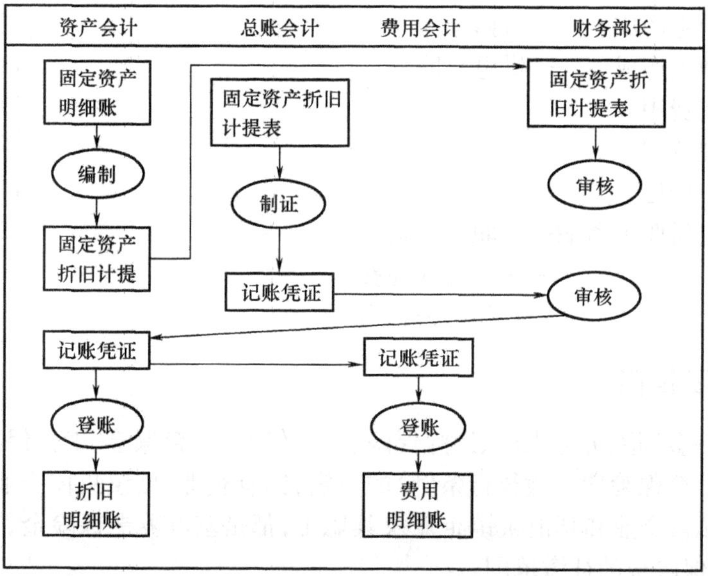

图4-4 固定资产折旧计提业务流程图

二、专业知识

(一)折旧费用的归集与分配

工业企业的固定资产在长期使用过程中虽然保持原有实物形态,但其价值则会随固定资产的损耗而逐渐减少。固定资产由于损耗而减少的价值就是固定资产的折旧。固定资产折旧应该作为折旧费用计入产品成本和期间费用,以便从销售收入中得到补偿。企业要按规定计提折旧,折旧计算方法及折旧率一旦确定,一般不得随意变动。

企业计提的折旧费用，是通过“累计折旧”账户核算的。该账户贷方核算企业计提的固定资产折旧额，期末贷方余额表示累计提取的折旧额。

企业的机器设备可以生产一种产品，但更多的是用于生产多种产品，所以折旧费用一般属于间接费用。分配折旧费用时，应按使用固定资产的车间、部门分别记入“制造费用”账户的贷方。

【例4－6】华威公司采用平均年限法计提固定资产折旧，2015年7月份折旧费用的计算分配如表4－15所示。

表4－15　折旧费用计算分配表

2015年7月　　　　单位：元

应借科目	车间、部门	本月折旧额
制造费用	基本生产车间	3 950
辅助生产成本	机修车间	1 500
	运输车间	2 000
	小　　计	3 500
管理费用	管理部门	1 680
合　　计		9 130

财会部门据以编制如下会计分表：

借：辅助生产成本——机修车间　　1 500
　　　　　　　　——运输车间　　2 000
　　制造费用　　3 950
　　管理费用　　1 680
　贷：累计折旧　　9 130

（二）利息费用的归集与分配

利息费用是财务费用的主要内容，应在“财务费用”账户中设置“利息支出”费用项目进行归集。利息费用一般按季结算支付。为了正确划分各个月份的费用界限，季内各月的利息费用一般应按季度分月计划，或者当月的实际应付数进行预提；季末再支付全季度的利息费用。实际支付数与预提数的差额，调整计入季末月份的财务费用。每月预提利息费用时，借记“财务费用——利息支出”账户，贷记“应付利息”账户；季末支付全季利息费用时，借记“应付利息”账户，贷记“银行存款”账户。

季末月份的利息费用可以先预提，然后调整实际支付数与预提数，借记“财务费用”，贷记“应付利息 ”账户。若实际支付数大于预提数时，用蓝字编制会计分表补加差额；若实际支付数小于预提数时，用红字编制会计分录冲减差额。季末月份的利息费用也可以不预提，而按实际支付数减去前两个月预提数的差额，借记“财务费用”账户，按前两个月的预提数借记“应付利息”账户，按实际支付数贷记“银行存款”账户，这样核算比较简便。

如果企业的利息费用数额不大，为了简化核算工作，季内前两个月也可以不预提，而在季末实际支付时全部计入当月的财务费用，借记“财务费用”账户，贷记“银行存款”账户。

（三）费用性税金的归集与分配

要素费用中的各种税金是管理费用的一部分，一般包括房产税、车船税、土地使用税和印花税等。

上述税金中，有的税金（如印花税）可以用银行存款等直接缴纳。缴纳时，借记“管理费用”账户的“税金”项目，贷记“银行存款”等账户。房产税、土地使用税、车船税等一般需要预先计算应交金额，然后实际缴纳。计算出应交税金时借记“管理费用”账户，贷记“应缴税费”账户；实际缴纳时，借记“应交税费”账户，贷记“银行存款”账户。

【例 4－7】甲工厂 2015 年 7 月份用银行存款支付印花税 7 000 元，财务部门据以编制如下会计分表：

借：管理费用——税金（印花税） 7 000
　贷：银行存款 7 000

【例 4－8】甲工厂 2015 年 7 月份预提土地使用税 2 000 元，财会部门据以编制如下会计分表：

借：管理费用——税金（土地使用税） 2 000
　贷：应交税金——应交土地使用税 2 000

（四）修理费用的归集与分配

修理费用是指固定资产在修理过程中所发生的全部费用支出，固定资产修理按其修理范围的大小、间隔时间的长短以及费用支出的多少，分为大修理和中小修理两种。固定资产大修理是指对企业的固定资产进行局部更新。其特点是：修理范围大、支出费用多、间隔时间长、修理次数少。固定资产中小修理又称日常维护修理，是为了维护和保持固定资产的正常工作状态所进行的经常性修理。其特点是：修理范围小、每次支出费用少、间隔时间短、修理次数多。

无论是固定资产大修理还是中小修理所发生的费用，都是企业为了制造正常的生产经营条件而发生的，应当直接计入当期管理费用。

【例 4－9】甲工厂 2015 年 7 月份对生产车间厂房进行大修理，共发生修理费用 30 000 元，其中耗用修理材料 24 000 元，应分配职工薪酬费用 2 000 元，以银行存款直接支付有关费用 4 000 元；对管理部门管理用设备修理发生修理费用 1 000 元，以银行存款直接支付。财务部门据以编制会计分表：

借：管理费用 31 000
　贷：原材料 24 000
　　　应付职工薪酬 2 000

银行存款　　　　　　　　　　　　　　　　　　　　5 000

三、实践指南

除前述各项要素费用以外的费用，还包括邮电费、印刷费、租赁费、图书资料费、办公费、差旅费、试验检验费、排污费、误餐补助费、保险费、交通补贴费、职工培训费等。这些费用发生时，应按发生的车间、部门和用途，分别借记“制造费用”、“管理费用”、“销售费用”、“辅助生产成本”、“在建工程”等账户，贷记“银行存款”或“库存现金”等账户。

第五节　辅助生产费用的归集与分配

辅助生产是企业生产经营活动的重要组成部分，其主要任务是为企业基本生产、管理部门或辅助生产本身提供各种产品或劳务。有的辅助生产只生产一种产品或提供一种劳务，如供电、供水、供气、供风、运输等；有的则生产多种产品或提供多种劳务，如从事工具、模具、修理用备件的制造，以及机器设备的修理等辅助生产。辅助生产提供的产品和劳务，有时也可以对外销售，但不是辅助生产的主要任务。

一、工作流程

辅助生产费用归集与分配工作流程图如图 4－5 所示：

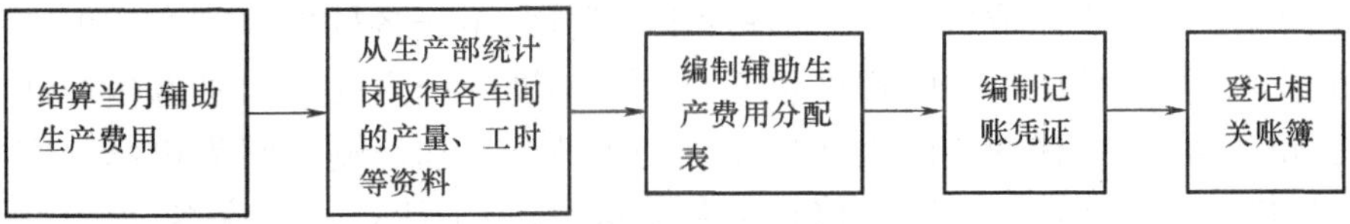

图 4－5　辅助生产费用归集与分配工作流程图

二、专业知识

辅助生产为生产产品和提供劳务所耗费的各种生产费用之和，构成这些产品和劳务的成本。但对耗用这些产品或劳务的基本生产车间、部门来说，这些辅助生产产品和劳务的成本，又是一种费用，即辅助生产费用。因而，辅助生产产品和劳务成本的高低。对于基本生产的产品成本和企业的管理费用水平有很大的影响。同时，只有辅助生产产品和劳务成本确定以后，才能计算基本生产的产品成本。因此企业要正确、及时地进行辅助生产成本的核算，严格控制并正确归集与分配辅助生产费用，以便正确计算产品成本和盈亏。

（一）辅助生产费用的归集

辅助生产费用的归集，是通过“辅助生产成本”账户进行的。该账户应按车间和产品品种设置明细账，进行明细核算。辅助生产费用归集的程序与基本生产费用归集程序类似。

在只生产一种产品或提供单一劳务的辅助生产部门，所发生的费用需由两个或两个以上的产品或劳务负担，需将共同费用在不同的受益对象间进行分配。其成本计算程序为：

第一，根据各项费用分配表登记各辅助生产成本明细账及其制造费用明细账；

第二，分配辅助生产部门之间相互提供的劳务或产品，记入其制造费用明细账；

第三，期末将各辅助生产部门的制造费用结转到辅助生产成本明细账，以计算各辅助生产产品或劳务的成本。

辅助生产车间的制造费用，一般应记入“制造费用”账户中按辅助生产车间设置的明细账户的借方，然后从贷方直接或分配转入“辅助生产成本”账户的借方。如果企业的辅助生产规模不大，所发生的制造费用不多，为简化核算工作，其制造费用也可以直接记入“辅助生产成本”账户的借方，而不通过“制造费用”账户核算。这样，在计算辅助生产成本时，可以将产品成本项目与制造费用项目结合起来，设立简化项目，在辅助生产成本明细账户中按照这种简化项目归集、计算成本。辅助生产完工的产品或劳务成本，应从“辅助生产成本”账户的贷方转出。

（二）辅助生产费用的分配

归集在“辅助生产成本”账户的辅助生产费用，由于各辅助生产车间的产品或劳务种类不同，其转出与分配程序也不一样。辅助生产主要是为基本生产和管理部门提供劳务，但在辅助生产之间也相互提供劳务。如运输车间为机修车间提供运输，机修车间为运输车间提供修理劳务。这时，为了计算运输成本，需要计算机修劳务成本；为了计算机修劳务成本，又要确定运输成本。因此，辅助生产费用的核算与成本计算比较复杂。

在实际工作中，通常采用直接分配法、一次交互分配法、代数分配法和计划成本分配法对辅助生产费用进行分配。

1. 直接分配法

直接分配法是把辅助生产车间直接发生的劳务费用，按照各基本生产车间、管理部门和其他部门所受益的劳务数量，直接分配给车间、生产车间以外的各受益单位。它的特点是辅助生产车间相互提供的劳务不参加分配，即既不转出，也不转入。它的分配计算公式如下：

$$\text{费用分配率}=\frac{\text{某辅助生产部门待分配费用}}{\text{该辅助生产部门提供给辅助生产部门以外受益对象的劳务总量}}$$

$$\text{某受益对象应负担的费用}=\text{该受益对象接受的劳务供应总量}\times\text{费用分配率}$$

【例4－10】华威公司有机修、运输两个辅助生产车间，2010年7月份各车间发生的费用为：机修车间3 600元；运输车间8 000元（见表4－16和表4－17）。各车间、部门耗用辅助生产劳务数量如表4－18所示。

表4－16 车间生产成本明细账

总第　页

辅助生产车间：运输　　字第　页

年		凭证		摘要	直接材料	直接人工	折旧费	水电费	其他	合计
月	日	字	号							
7				辅助材料	3 500					3 500
7				分配电费				500		500
7				分配工资		2 000				2 000
7				折旧费用			2 000			2000
7	31			待分配费用	3 500	2 000	2 000	500		8 000

表4－17　辅助生产成本明细账

总第　页

辅助生产车间：机修　　字第　页

年		凭证		摘要	直接材料	直接人工	折旧费	水电费	其他	合计
月	日	字	号							
7				辅助材料	700					700
7				分配电费				400		400
7				分配工资		1 000				1 000
7				折旧费用			1 500			1 500
7	31			待分配费用	700	1 000	1 500	400		3 600

表4－18　辅助生产车间成本及劳务数量汇总表

受益对象		机修（小时）	运输（公里）
辅助生产车间	机修车间		4 000
	运输车间	200	
基本生产一车间		440	20 000
销售部门		320	12 000
行政管理部门		240	4 000
合　计		1 200	40 000

根据上述资料，用直接分配法计算各辅助生产部门的费用分配率如下：

$$\text{机修车间费用分配率}=\frac{3\ 600}{1\ 000}=3.6(\text{元/小时})$$

$$\text{运输车间费用分配率}=\frac{8\ 000}{36\ 000}=0.222\ 2(\text{元/公里})$$

根据费用分配率计算的各受益对象应负担的辅助生产劳务费用，用分配表列示如表 4－19 所示。

表 4－19　辅助生产劳务费用分配表（直接分配法）

2015 年 7 月　　　　单位：元

辅助生产车间名称			机修车间	运输车间	合　计
待分配费用			3 600	8 000	11 600
供应辅助生产车间以外单位的劳务量			1 000 小时	36 000 公里	
费用分配率			3.6	0.222 2	
辅助生产车间名称			机修车间	运输车间	
应借账户	制造费用——车间	耗用劳务量	440 小时	20 000 公里	
		应分配金额	1 584	4 444	6 028
	销售费用	耗用劳务量	320 小时	12 000 公里	
		应分配金额	1 152	2 666	3 818
	管理费用	耗用劳务量	240 小时	4 000 公里	
		应分配金额	864	890	1 754
分配金额合计			3 600	8 000	11 600

财务部门据以编制如下会计分录：

借：制造费用——车间　　6 028
　　销售费用　　3 818
　　管理费用　　1 754
　贷：辅助生产成本——运输车间　　8 000
　　　　　　　　　——机修车间　　3 600

直接分配法简便易行，但这种方法对辅助生产车间之间相互提供的劳务没有参加分配，因而使各辅助生产车间的成本费用不完整，不利于考核辅助生产费用水平，也影响分配到辅助生产以外的其他各车间、部门的劳务费用数额的准确性。该方法一般适宜在辅助生产内部相互提供劳务不多、不进行费用的交互分配对辅助生产成本和企业产品成本影响不大的情况下采用。

2. 一次交互分配法

交互分配法是将辅助生产部门相互提供的劳务先行交互分配，然后再将各辅助生产部门交互分配后的实际费用全部分配给辅助生产部门以外的各受益单位的一种分配方法。

采用这种分配方法时，应分两步进行分配：第一步，将各辅助生产车间直接发生的费用，除以各车间直接供应的劳务数量（可以不包括本车间自用的劳务数量），求出各种劳务的单位成本（分配率），先在各辅助生产车间之间进行交互分配；第二步，将交互分配以后的各辅助生产劳务费用，再分配给辅助生产车间以外的各车间、部门。具体做法是：将各辅助生产直接发生的费用，加上从其他辅助生产车间转入的劳务费用，减去已转给其他辅助生产车间的劳务费用，即为交互分配以后的各辅助生产的劳务费用，再除以提供的劳务总量（不包括辅助生产之间相互提供的劳务数量），求出第二步劳务费用分配率。用该分配率再去分别乘以各辅助生产以外的车间、部门所耗用的劳务数量，就是各车间和部门分得的劳务费用。

【例4－11】以例4－10中的数据，采用一次交互分配法计算分配辅助生产劳务费用如表4－20所示。

表4－20　辅助生产劳务费用分配表（一次交互分配法）

2015年7月　　　　单位：元

项　目			交互分配			直接分配		
劳务供应车间			运输车间	机修车间	合　计	运输车间	机修车间	合　计
待分配劳务费用			8 000	3 600	11 600	7 800	3 800	11 600
应分配劳务数量			40 000公里	1 200小时	—	36 000	1 000	
分配率（单位成本）			0.2	3		0.216 7	3.8	
受益单位及数额	机修车间	数量	4 000					
		金额	800		800			
	运输车间	数量		200				
		金额		600	600			
	一车间	数量				20 000	440	
		金额				4 334	1 672	6 006
	销售部门	数量				12 000	320	
		金额				2 600	1 216	3 816
	管理部门	数量				4 000	240	
		金额				866	912	1 778
	金额合计					7 800	3 800	11 600

表4－20中交互分配率是：

$$运输车间交互分配率=\frac{8\ 000}{40\ 000}=0.2（元/公里）$$

$$机修车间交互分配率=\frac{3\ 600}{1200}=3（元/小时）$$

对外分配费用是：

运输车间对外分配费用＝8 000＋600－800＝7 800（元）

机修车间对外分配费用＝3 600＋800－600＝3 800（元）

对外费用分配率是：

$$运输车间对外费用分配率=\frac{7\ 800}{36\ 000}=0.216\ 7(元/公里)$$

$$机修车间对外费用分配率=\frac{3\ 800}{1\ 000}=3.8(元/小时)$$

财会部门据以编制如下会计分表：

(1)交互分配：

借:辅助生产成本——机修车间　800

——运输车间　600

贷:辅助生产成本——运输车间　800

——机修车间　600

(2)对外分配：

借:制造费用——车间　6 006

销售费用　3 816

管理费用　1 778

贷:辅助生产成本——运输车间　7 800

——机修车间　3 800

一次交互分配法虽然比较麻烦,但在反映各个辅助生产车间费用成本的完整性以及劳务费用分配准确程序方面,均比直接分配法有明显的提高。由于交互分配的分配率是根据交互分配前的待分配费用计算的,不是各辅助生产部门的实际单位成本,因而分配结果也并非完全反映客观实际。这种方法一般适用于各辅助生产部门之间相互提供劳务较多的企业。

3. 代数分配法

代数分配法是先根据解联立方程的原理,计算出辅助生产劳务的单位成本,然后根据各受益的劳务数量(包括各辅助生产车间之间受益的和其他各受益车间部门受益的劳务数量)和单位成本分配辅助生产劳务费用的一种方法。

【例4-12】仍以例4-10的资料,采用代数分配法计算分配率,即机修和运输的单位劳务成本如下：

设X代表运输车间每公里的劳务成本,Y代表机修车间每小时的劳务成本。依题意列二元一次联立方程式如下：

$$8\ 000+200Y=40\ 000X$$

$$3\ 600+4\ 000X=1\ 200Y$$

求解得:$X=0.218\ 6$　$Y=3.728\ 8$

根据以上计算的机修和运输的单位劳务成本编制辅助生产劳务费用分配表如表4-21所示。

表 4-21　辅助生产劳务费用分配表(代数分配法)

2015 年 7 月　　　　　　　　　　　　单位:元

受益单位	运输车间		机修车间		金额合计
	数量(公里)	金额(0.218 6)	数量(小时)	金额(3.728 8)	
运输车间			200	745.76	745.76
机修车间	4 000	874.40			874.40
小　计	4 000	874.40	200	745.76	1 620.16
一车间	20 000	4 372	440	1 640.67	6 012.67
销售部门	12 000	2 623.20	320	1 193.22	3 816.42
管理部门	4 000	874.40	240	894.91	1 769.31
小　计	36 000	7 869.60	1 000	3 728.80	11 598.40
合　计	40 000	8 744	1 200	4 474.56	13 218.56

财务部门据以编制如下会计分录:

借:辅助生产成本——运输车间　　745.76
　　　　　　　　——机修车间　　874.40
　制造费用——车间　　6 012.67
　销售费用　　3 816.42
　管理费用　　1 769.31
　贷:辅助生产成本——运输车间　　8 744
　　　　　　　　　——机修车间　　4 474.56

调整尾差会计分录:

借:管理费用　　1.60
　贷:辅助生产成本——运输车间　　1.76
　　　　　　　　　——机修车间　　0.16

采用代数分配法,劳务费用分配结果比较准确,但在实际工作中由于辅助生产车间较多,而且辅助生产车间之间提供的劳务比较复杂,计算工作较为烦琐,因而这种方法在会计工作已经实现电算化的企业中采用比较适宜。

4. 计划成本分配法

采用按计划成本分配法,应该先按劳务的计划单位成本分配辅助生产为各受益单位(包括其他辅助生产车间、部门)提供的劳务费用,再计算辅助生产实际发生的费用(包括辅助生产内部交互分配转入的费用)与按计划单位成本分配转出的费用的差额,即辅助生产的成本差异。为了简化分配工作,辅助生产成本差异全部调整计入管理费用,不再分配给辅助生产以外各受益车间、部门负担。

【例 4-13】仍以例 4-10 的资料,假定运输的计划单位成本为 0.22 元/公里,修理的计划单位成本为3.5元/小时，按计划成本分配法分配成本，各辅助车间实际成本与计划成本的差额计入管理费用。编制按计划成本分配的辅助生产费用分配表如表4－22所示。

表4－22　辅助生产费用分配表（按计划成本法）

2015年7月　　　　单位：元

供应单位 受益单位			运输车间		机修车间		费用合计
			数量（公里）	费用	数量（小时）	费用	
待分配费用和数量			40 000	8 000	1 200	3 600	11 600
计划单位成本				0.22		3.5	
辅助生产成本	运输车间	运费			200	700	700
	机修车间	修理费	4 000	880			880
	小计		4 000	880	200	700	1 580
制造费用	基本生产一车间	运费	20 000	4 400			4 400
		修理费			440	1 540	1 540
		小计	20 000	4 400	440	1 540	5 940
销售费用	专设机构	运费	12 000	2 640			2 640
		修理费			320	1 120	1 120
		小计	12 000	2 640	320	1 120	3 760
管理费用	行政管理部门	运费	4 000	880			880
		修理费			240	840	840
		小计	4 000	880	240	840	1 720
按计划成本分配合计			40 000	8 800	1 200	4 200	13 000
辅助生产实际成本				8 700		4 480	
辅助生产成本差异				－100		280	180

注：运输车间实际费用为8 000＋700＝8 700（元）；修理车间实际费用为3 600＋880＝4 480（元）。

财会部门据以编制如下会计分录：

（1）按计划成本分配

借：辅助生产成本——运输车间　　　　700

　　　　　　　　——修理车间　　　　880

　　制造费用——车间　　　　5 940

　　销售费用　　　　3 760

　　管理费用　　　　1 720

　贷：辅助生产成本——运输车间　　　　8 800

——修理车间　　4 200

(2)调整辅助生产成本差异

借:管理费用　　180

贷:辅助生产成本——运输车间　　100

——修理车间　　280

上列会计分录由于是调整分录,因而不论成本差异是超支还是节约,账户对应关系均相同,但超支用蓝字补加,节约用红字冲减。

采用计划成本分配法,各辅助生产费用只分配一次,而且劳务的计划单价早已确定,不必单独计算费用分配率,因而简化了计算工作,所以,该方法是企业比较普遍采用的分配方法。它既考虑到各辅助生产之间劳务费用的交互分配,又计算简便,加速了各车间成本计算的进程,同时也便于分析考核各辅助生产车间和其他各车间、部门成本费用,有利于加强企业经济核算。但采用该分配方法,辅助生产产品或劳务的计划单位成本必须比较正确。通过辅助生产费用的归集和分配,应计入本月产品成本的生产费用,都已分别归集在“生产成本——基本生产成本”和“制造费用”两个总账科目和所属明细账的借方。

三、实践指南

在很多规模小、产品或劳务单一、制造费用少的辅助生产单位中,如果辅助生产车间不对外提供产品和劳务,为简化核算,则可以不设置辅助生产车间的制造费用明细账,直接将辅助生产车间的制造费用计入辅助生产成本二级账和明细账。此时,辅助生产成本二级账及所属的产品生产成本明细账,应将产品和劳务的成本项目与制造费用的费用项目结合起来设置专栏,组织辅助生产费用的明细核算和产品、劳务成本的核算。

第六节　制造费用的归集与分配

制造费用是指工业企业为生产产品(或提供劳务)而发生的、应该计入产品成本但没有专设成本项目的各项生产费用。

一、工作流程

制造费用归集与分配工作的流程如图 4－6 所示。

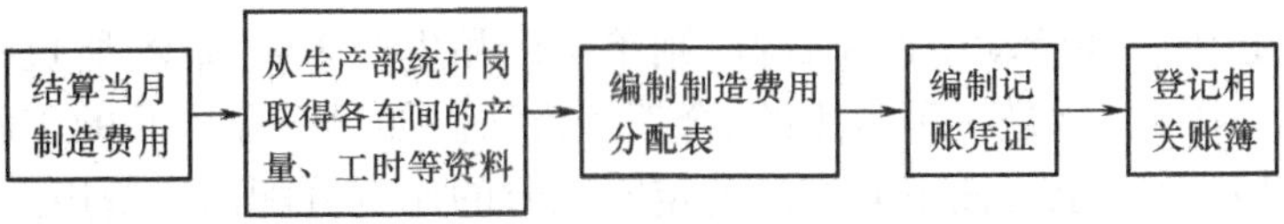

图 4－6　制造费用归集与分配工作流程图

二、专业知识

企业要严格划分制造费用与管理费用的界限，根据管理的需要，对上列费用项目进行合并或细分，设立制造费用有关费用项目，正确归集分配制造费用，以保证产品成本计算的准确性。

制造费用的项目一般包括：机物料消耗、薪酬费用、折旧费、租赁费（不包括融资租赁）、保险费、低值易耗品摊销、水电费、取暖费、保险费、运输费、劳动保护费、设计制图费、试验检验费、差旅费、办公费、在产品盘亏、毁损和报废（减盘盈），以及季节性修理期间停工损失等。

（一）制造费用的归集

企业基本生产车间发生的制造费用，应分别记入按不同车间设备的“制造费用”各明细账户的借方，月末按成本核算办法的规定将制造费用分配计入各有关成本计算对象时，从该账户贷方转入“基本生产成本”账户的借方。辅助生产车间发生的制造费用，若通过“制造费用”账户核算，应比照基本生产车间制造费用的核算方法，直接或分配转入“辅助生产成本”账户的借方；若不通过“制造费用”账户核算，则应在发生时直接计入“辅助生产成本”账户的借方。

（二）制造费用的分配

1. 制造费用的分配原则

企业归集的制造费用，月末必须按一定的分配标准及方法，分配计入产品制造成本中去。生产单一品种的企业或车间，所归集的制造费用可以直接计入该种产品的制造成本；生产多品种的企业或车间，其归集的制造费用，应采用适当的方法，分配计入各成本计算对象的制造成本。制造费用分配是否合理、正确，关键在于正确选择分配标准。

2. 制造费用的分配方法

通常采用的制造费用分配方法有：生产工时比例法、生产工人工资比例法、机器工时比例法和年度计划分配率分配法等。

（1）生产工时比例法。生产工时比例法是按照各种产品所用生产工时的比例分配制造费用的一种方法。计算公式如下：

$$制造费用分配率=\frac{制造费用总额}{各产品生产工时总数}$$

$$某种产品应负担的制造费用=该种产品生产工时\times 制造费用分配率$$

按生产工时比例分配制造费用，可使产品负担制造费用的多少与劳动生产率的高低联系起来。如劳动生产率提高，则单位产品生产工时减少，所负担的制造费用也就降低。因此，这是一种常用的、合理的方法。如果企业产品的工时定额比较准确，上述计算公式也可按不同产品的定额工时的比例分配制造费用。

【例 4－14】华威公司：2015 年 7 月份生产甲、乙两产品所发生的制造费用为

16 478元(见表4－23),假定甲、乙两产品生产工时分别为20 000小时和30 000小时,利用生产工时比例法分配甲、乙产品应负担的制造费用。

表4－23 制造费用明细账

总第 页

生产车间:一车间　　　　字第 页

年		凭证		摘要	借方	贷方	借或贷	余额	(借)方项目				
月	日	字	号						薪酬	折旧	机物料消耗	动力	其他
7				材料费	1 000		借	1 000			1 000		
				动力费用	1 500		借	2 500				1 500	
				职工薪酬	4 000		借	6 500	4 000				
				折旧费用	3 950		借	10 450		3 950			
	31			辅助生产费用分配	6 028		借	16 478					6 028
	31			分配转出		16 478							
	31			本月合计		16 478		0	4 000	3 950	1000	1 500	6 028

$$制造费用分配率=\frac{16\ 478}{20\ 000+30\ 000}=0.33(元/小时)$$

$$甲产品制造费用=20\ 000\times0.33=6\ 600(元)$$

$$乙产品制造费用=16\ 478-6\ 600=9\ 878(元)$$

根据上列计算结果,编制制造费用分配表如表4－24所示:

表4－24 制造费用分配表

甲工厂　　　　2015年7月　　　　单位:元

应借科目		生产工时	分配金额
基本生产成本	甲产品	20 000	6 600
	乙产品	30 000	9 878
合计		50 000	16 478

财务部门据以编制如下会计分录:

借:基本生产成本——甲产品　　6 600

　　　　　　　　——乙产品　　9 878

　贷:制造费用　　16 478

(2)生产工人工资比例法。生产工人工资比例法是按照计入各种产品成本的生产工人的工资比例,分配制造费用的一种方法。计算公式如下:

$$制造费用分配率 = \frac{制造费用总额}{各产品生产工人工资总额}$$

某种产品应负担的制造费用 = 该种产品生产工人工资 × 制造费用分配率

这种方法核算工作简便,资料容易取得,但该方法只能用于各种产品机械化程度大致相同的情况,否则,机械化程序高的产品,由于工资费用少,分配负担的制造费用也少,会影响费用分配的合理性。

(3)机器工时比例法。机器工时比例法是按照各种产品所用机器设备运转时间为标准分配制造费用的一种方法,计算公示如下:

$$制造费用分配率 = \frac{制造费用总额}{各生产所用机器工时总数}$$

某种产品应负担的制造费用 = 该产品机械工作时数 × 制造费用分配率

按这种分配方法,各种产品分配的制造费用多少与该产品所用机器设备运转时间长短成比例关系,所以这种方法适用于机械化、自动化程度高的制造费用分配。如果企业同时生产不同机械化程度的产品,则会造成机械化程度比较低的产品由于其生产工人工资及所有人工工时较多,负担的制造费用也较多,而机械化程度较高的产品由于其生产工人工资和所用人工时较少,负担的制造费用也较少的不合理分配结果。因此,在生产机械化程序较高的生产部门,其制造采用与设备运转的时间有紧密联系的机器工时为标准进行分配比较合理。

当然,由于制造费用包括各种性质和用途的费用,也可以将制造费用加以适当分类,选用不同的分配方法,提高分配结果的合理性。

(4)年度计划分配率分配法。年度计划分配率分配法是根据企业正常经营条件下的年度制造费用预算数和预计产量的定额标准数预先计算分配率,然后按此分配率分配制造费用的一种方法。

采用这种分配方法,不管各月实际制造费用多少,每月各种产品中的制造费用都按年度计划确定的计划分配率进行分配。但在年度内若发现全年制造费用的实际数和产品实际产量与计划数可能发生较大的差额时,应及时调整计划分配率。计算公式如下:

$$年度计划分配率 = \frac{年度制造费用计划总额}{年度预计产量的定额标准数}$$

某种产品应负担的制造费用 = 该月该种产品实际产业定额工时 × 年度计划分配率

按计划分配率分配的制造费用数额与制造费用实际数之间一般存在差异,对此差异的处理方法是:年末时,将其差异额按已分配的比例进行一次再分配,计入到各生产单位所生产的各产品成本中去。实际数大于已分配数的,用蓝字补记,小于已分配数的用红字冲回。

【例 4－15】某企业基本生产车间全年计划制造费用为 163 200 元;全年各产品的计划产量为:甲产品 24 000 件,乙产品 18 000 件。单位产品工时定额为:甲产品 4 小时,乙产品 6 小时。1 月份实际产量为:甲产品 1 800 件,乙产品 1 500 件;1 月份实际发生制造费用 13 000 元。

要求:(1)计算制造费用年度计划分配率;

(2)计算并结转1月份应分配转出的制造费用。

解:

(1)计算过程如下:

甲产品年度计划产量的定额工时 24 000×4=96 000(小时)

乙产品年度计划产量的定额工时=18 000×6=108 000(小时)

$$年度计划分配率=\frac{163\ 200}{96\ 000+108\ 000}=0.8$$

(2)计算过程如下:

该月甲产品应分配的制造费用=0.8×1 800×4=5 760(元)

该月乙产品应分配的制造费用=0.8×1 500×6=7 200(元)

该月应分配转出的制造费用=5 760+7 200=12 960(元)

结账1月份制造费用会计分录:

借:基本生产成本——甲产品　　5 760

　　　　　　　——乙产品　　7 200

　贷:制造费用　　12 960

【例4-16】某厂某季节性生产车间年度制造费用计划数为168 000元,全年计划生产甲、乙两种产品的定额总工时为60 000小时。本月甲产品实耗工时6 000小时,乙产品实耗工时3 750元,则本月制造费用如何分配?若年终该车间"制造费用"账户贷方余额为4 500元,按计划分配率甲产品已分配104 160元,乙产品已分配63 840元,按已分配比例进行调整。

$$年度计划分配率=\frac{168\ 000}{60\ 000}=2.8$$

本月甲产品应分配的制造费用=6 000× 2.8=16 800(元)

本月乙产品应分配的制造费用=3 750× 2.8=10 500(元)

借:基本生产成本——甲产品　　16 800

　　　　　　　——乙产品　　10 500

　贷:制造费用　　27 300

年终该车间"制造费用"账户贷方余额为4 500元,按已分配的比例分别调减甲、乙两种产品的生产成本。

$$甲产品应再分配数=\frac{104\ 160}{104\ 160+63\ 840}\times 4\ 500=2\ 790(元)$$

$$乙产品应再分配数=\frac{63\ 840}{104\ 160+63\ 840}\times 4\ 500=1\ 710(元)$$

借:基本生产成本——甲产品　　[2 790]

　　　　　　　——乙产品　　[1 710]

　贷:制造费用　　[4 500]

年度计划分配率分配法以要定额工时为分配标准,因为各种产品的产量不能直接相加。另外,这种方法主要用于季节性生产企业。因为在这种生产企业中,每月发生的制造费用相差不多,但生产淡月与旺月的产量却相差悬殊,如果各月按实际费用分配,会使各月产品成本中制造费用随之忽高忽低,因而不便于成本分析。这种方法考虑了淡月发生费与旺月的高产量有密切的关系这一因素,如设备的维护保养以及修理常在淡月进行,使其在旺季时充分发挥其技术效能。因此,这些费用也应由旺季产品共同负担,才会使淡月和旺月的产品成本负担的制造费用比较合理及稳定。在采用年度计划分配率分配的情况下,"制造费用"账户由于借方实际发生的制造费用与分配结转的制造费用的贷方往往不一致,因此,"制造费用"账户有余额。借方余额反映实际发生大于以后分配的费用,贷方余额反映实际发生小于按计划分配转出的差额,相当于企业的预提费用。对于年末余额,其中属于下年生产作准备的部分可结转下年,其余则应调整计入 12 月份的产品成本。

通过上述制造费用的归集与分配,除了采用年度计划分配率分配法的企业以外,"制造费用"总账科目和所属明细账都应无月末余额。

三、实践指南

制造费用是产品制造成本的重要组成部分,是企业各生产单位为制造产品而发生的各项组织和管理费用。制造费用的内容很广泛,主要包括:

(1)间接用于产品生产的费用。例如机物料消耗,辅助人员薪酬费用,车间生产用房屋及建筑物的折旧费、租赁费和保险费,车间生产用照明费、取暖费、运输费、劳动保护费,以及季节性停工和生产用固定资产修理期间的停工损失等。

(2)直接用于产品生产,但管理上不要求或者核算上不便于单独核算,因而未专设成本项目的费用。例如生产用机器设备折旧费、修理费、租赁费和保险费,生产工具摊销,设计制图费和试验检验费等。

(3)生产部门用于组织和管理生产的费用。这些费用虽然具有管理费用的性质,但由于车间是企业从事生产活动的单位,它的管理费用与制造费用很难严格划分,为了简化核算工作,也作为制造费用核算。这些费用有:车间管理人员薪酬费用,车间管理用房屋设备的折旧费、修理费、租赁费和保险费,车间管理用具摊销,车间管理用照明费、水费、取暖费、差旅费和办公费等。

第七节 核算生产损失

一、工作流程

生产损失费用核算工作流程图 4 –7 所示。

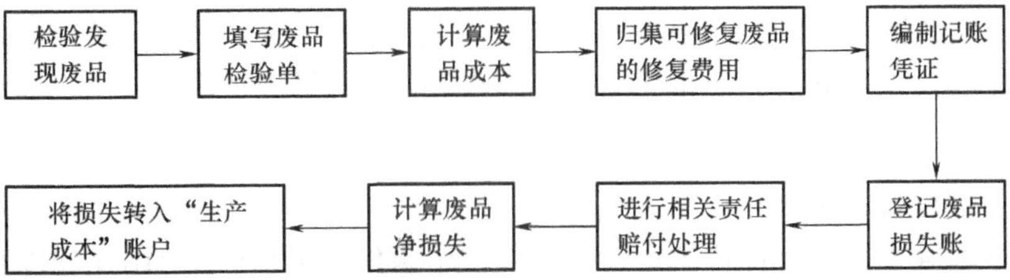

图 4－7 生产损失费用核算工作流程图

二、专业知识

(一)生产损失的概念

生产损失是指企业在生产过程中发生的不能形成正常产出的各种耗费。不同企业生产损失的类型也不尽相同,但通常可将其划分为如表 4－25 所示的几个类别。

表 4－25 生产损失的类别

类 别	含 义	和生产成本的关系
生产损耗	主要指投入原材料的收缩、蒸发、跑冒、滴漏、自然损耗等	生产过程中的损耗越多,投入量就越高,在生产数量一定的情况下,必然增加产品的制造成本
生产废料	指生产过程中产生的边角余料等。如服装业生产的边角布料、家具制造业加工中的边材碎料、以煤为燃料的企业未燃烧充分的煤	在投入一定的情况下,废料越多,产出越少,必然增加产品的生产成本
废品损失	指在生产过程中,由于主观或客观原因造成的产品质量不符合规定技术标准而发生的额外耗费	当投入量一定时,产生的废品越多,合格品数量则越少。废品损失多,必然增加合格品的成本
停工损失	指由于机器故障停工、季节性停工及修理期间停工而发生的耗费	停工次数越多,停工时间越长,停工损失则越高,必须增加产品的制造成本

几乎所有的制造业都无法避免这样或那样的原因造成的损失。而生产中的一切损失(非正常损失除外),归根结底都要由合格品负担。为了充分利用有限的经济资源,生产出更多的合格品,把损失控制在合理的范围内,以达到降低产品成本的目的,除在生产技术上采取措施外,对生产损失进行核算不失为一项重要措施。其核算任务可概括以下几个方面:

(1)加强对生产损失的控制,及时揭示造成损失的原因和责任;

(2)及时正确计算生产中的各种损失额;

(3)采用适当的方法,将各种损失恰当地计入产品成本。

对于生产损失中的生产损耗及生产废料,在计算产品成本时我们也要适当地将其考虑进去。以下我们着重介绍废品损失和停工损失的核算。

(二)废品损失的概述

1. 废品的概念及分类

废品是指质量上不符合规定的标准或技术条件,不能按原定用途加以利用,或者需要加工修复后才能利用的产成品、自制半成品和零部件等。废品损失是指企业因产生废品而造成的损失。废品的分类如表4-26所示。

表4-26 废品的分类

分类		含义	损失承担
按产生原因	工废品	指由于生产工人未执行技术操作标准的原因造成的废品,属于操作工人的过失造成	应由操作工人承担相应的责任,企业收回其赔款
	料废品	指由于被加工的原材料、半成品和零部件质量不符合要求而造成的废品	不应由生产工人承担责任,由当月合格产品成本负担
按消除缺陷在技术上的可行性和经济上的合理性	可修复废品	指技术上可以修复,并且支付修复费用在经济上合算的废品	发生的修复费用由当月合格产品成本负担
	不可修复废品	指在技术上不能修复,或者支付修复费用在经济上不合算的废品	不可修复废品的生产成本,应采用适当方法分配,由当月合格产品成本负担

2. 废品损失的含义

废品损失包括可修复废品的修复费用和不可修复废品的生产成本(扣除回收的废品残料价值和过失单位或个人的赔款)。

需要注意的是,在几种特殊情况下,有些产品从含义上讲可能符合废品的定义,但是为了核算方便,我们一般不将其损失作为废品损失来单独核算,而是采用专门的方法进行处理。如产成品入库以后,由于保管不善或是发货过程中运输不当等原因造成的产品的变质、损毁,其损失属于管理上的原因,应列作管理费用,不作为废品损失处理;再如,实行产品包退、包修、包换("三包")的企业,在产品出售以后发现废品所发生的一切损失,一般也直接计入管理费用,不计算在废品损失内;经过质量检验部门鉴定不需要返修,但可以降价出售的不合格品(或次品),它应与合格品同等计算成本,其降价损失体现为销售损益,而不作为废品损失处理。

(三)废品损失的核算

1. 废品损失核算的账户设置

对于经常发生废品损失的企业，为了更加准确地计算其产品成本，要严格考核和控制各生产单位的废品损失，在会计账户中，应当增设“废品损失”总分类账户，或者在“基本生产成本”总分类账户下设“废品损失”明细账户，组织废品损失的核算；在产品成本项目中，也应当相应地增设“废品损失”成本项目。

“废品损失”账户借方登记可修复废品的修复费用和不可修复废品的生产成本；贷方登记回收的废品的残料价值和过失单位或个人的赔款；月末，应将废品损失净额从该账户的贷方转入“基本生产成本”账户的借方，由当月合格产品成本负担；月末将废品损失转入生产成本以后，“废品损失”账户应无余额。

同时，“废品损失”账户应当分生产单位按产品品种设置明细账，组织明细核算。“废品损失”明细账应按成本项目分设专栏或专行，以准确反映废品损失的构成情况。

2. 废品损失的归集

(1)计算废品损失的原始凭证。计算废品的原始凭证主要是经审核后的“废品通知单”如表4-27所示。

表4-27　废品通知单

产品名称		报废日期		备　注
规格型号		生产日期		
报废工序		生产部门		
操作工人		检验人员		
废品记录	材料		修复费用	
	损失金额		残值	
	料废数		工废数	
	单件重量		单件工时	
	总重量		总工时	

制表：　　　生产：　　　财务：　　　审批：

“废品通知单”可以由企业质检部门在发现废品时填制，也可以由产生废品的生产单位(分厂、车间或班组)填制。“废品通知单”应当列明废品的种类和数量、产生废品的原因、过失责任人以及废品的生产工时、修复费用和生产成本等。“废品通知单”一般一式三联；一联由生产单位存查，一联交质量检验部门，一联交财会部门核算废品损失。企业三联：一联由生产单位存查，一联交质量检验部门，一联交财会部门核算废品损失。企业财务部门和质量检验部门应当对“废品通知单”

所列各项目进行审核，只有经过审核无误的“废品通知单”，才能作为核算废品损失的原始凭证。

(2)可修复废品的废品损失的计算。废品损失包括可修复废品的费用和不可修复废品的生产成本(扣除残料价值和过失人赔款等)，两者的计算和确定有所不同。

可修复废品的废品损失(也就是其修复费用)包括为修复废品所发生的材料费用、人工费用和应负担的制造费用等。材料费用一般可以根据有关领料凭证直接确定；人工费用有时可以直接确定，有时需要根据修复废品实际耗用的工时和小时工资率计算确定；应负担的制造费用一般不能直接确定，可以根据修复废品实际耗用的工时和小时费用率计算确定。

【例4－17】中城钢制品厂2015年6月基本生产车间生产完工A产品1 200件，在验收入库时发现有20件是可修复废品。本月修复A产品领用甲材料600元，实际耗用工时50小时，小时工资费用分配率为22.33元，小时制造费用分配率为15元，经修复A产品已验收入库。按规定本月发生的20件可修复废品应由操作工人王强赔偿500元。

根据上述资料编制会计分录如下：

借:废品损失——A产品　　2 466.50

　贷:原材料——甲材料　　600

　　应付职工薪酬　　1 116.50

　　制造费用——基本生产车间　　750

借:其他应收款——王强　　500

　贷:废品损失——A产品　　500

结转废品净损失

借:基本生产成本——A产品　　1 966.5

　贷:废品损失——A产品　　1 966.5

根据会计分录登记废品损失明细账，如表4－28所示。

表4－28　A产品废品损失明细账　　单位:元

2015年		摘要	借方	贷方	余额
月	日				
6	30	分摊修复费用	2 466.50		2 466.50
	30	应收赔款		500.00	1 966.50
	30	结转废品净损失		1 966.50	平

编制产品生产成本计算表，如表4－29所示：

表 4 - 29　A 产品生产成本计算表

2015 年 6 月　　　　单位:元

摘　　要	直接材料	直接人工	制造费用	废品损失	合　　计
生产总成本	179 840.00	44 667.00	30 000		254 507.00
转入可修复废品净损失				1 966.50	1 966.50
合格产品总成本	179 840.00	44 667.00	30 000	1 966.50	256 473.50
合格产品单位成本	149.87	37.22	25	1.64	213.73

(3)不可修复废品生产成本的计算。不可修复废品的生产成本也包括材料费用、人工费用和制造费用,但这些费用与同种合格产品成本是同时发生的,已经计入了该种产品的生产成本明细账。因此,不可修复废品的生产成本,应采用适应方法,将全部生产成本在合格产品与废品之间进行分配,从生产成本明细账中将不可修复废品所包含的那部分成本转入废品损失明细账。

不可修废品有的是在生产过程中发现的,有的是在完工验收入库时发现的,这就造成了废品的完工程度是不同的,所以,生产成本在合格产品与废品之间进行分配较为复杂。在实际工作中,不可修复废品的生产成本的计算有两种方法,一种是按废品实际生产成本计算,另一种是按废品定额成本计算。

按废品实际生产成本计算,见例 4 - 18:

【例 4 - 18】中城钢制品厂 2015 年 6 月基本生产车间生产完工 B 产品 800 件,其中验收入库合格品为 795 件,发现不可修复废品为 5 件。本月 B 产品实际生产费用为 354 533 元,其中直接材料 205 200 元(B 产品原材料在生产开始时一次投入),直接人工 89 333 元,制造费用 60 000 元。废品残料价值为 500 元,已交原材料仓库验收入库。

根据上述资料计算废品损失,如表 4 - 30 所示:

表 4 - 30　不可修复废品生产成本的计算表

生产单位:基本生产车间——B 产品　2015 年 6 月　　　　单位:元

项　目	直接材料	直接人工	制造费用	合　　计
生产总成本	205 200.00	89 333.00	60 000.00	354 533.00
分配标准量	800.00	800.00	800.00	
费用分配率	256.50	111.67	75.00	
废品生产成本	1 282.50	558.35	375.00	2 215.85

根据表 4 - 30 的计算结果编制的会计分录如下:

借:废品损失——B 产品　　　　2 215.85

贷:基本生产成本——B 产品 2 215.85

回收废品残料,冲减废品损失,编制的会计分录如下:

借:原材料 500

贷:废品损失——B 产品 500

根据会计分录登记废品损失明细账,如表 4-31 所示。

表 4-31 B 产品废品损失明细账

单位:元

2015 年		摘要	借方	贷方	余额
月	日				
6	30	废品生产成本	2 215.85		2 215.85
	30	回收残料		500.00	1 715.85
	30	结转废品净损失		1 715.85	平

编制产品生产成本计算表,如表 4-32 所示。

表 4-32 B 产品生产成本计算表

2015 年 6 月

单位:元

摘　要	直接材料	直接人工	制造费用	废品损失	合　计
生产总成本	205 200.00	89 333.00	60 000.00		354 533.00
结转废品生产成本	-1 282.50	-558.35	-375.00		-2 215.85
转入废品损失				1 715.85	1 715.85
合格产品总成本	203 917.50	88 774.65	59 625.00	1 715.85	354 033.00
合格产品单位成本	256.50	111.67	75.00	2.16	445.33

按废品定额成本计算,见例 4-19:

【例 4-19】中城钢制品厂 2015 年 6 月基本生产车间生产完工 B 产品 800 件,其中验收入库合格品为 795 件,发现不可修复废品为 5 件。本月 B 产品单位成本定额为 445 元,其中直接材料消耗定额 260 元(B 产品原材料在生产开始时一次投入),直接人工定额 110 元,制造费用定额 75 元。废品残料价值为 500 元,已交原材料仓库验收入库。根据上述资料计算废品损失。

不可修复废品 B 产品定额成本,编制的会计分录如下:

借:废品损失——B 产品 2 225

贷:基本生产成本——B 产品 2 225

回收废品残料,冲减废品损失,编制的会计分录如下:

借:原材料 500

贷:废品损失——B 产品 500

结转废品净损失

借:基本生产成本——B 产品 1 725

贷:废品损失——B产品　　　　1 725

根据会计分录登记废品损失明细账,如表4-33所示。

表4-33　B产品废品损失明细表　　　　单位:元

2015年		摘　要	借方	贷方	余额
月	日				
6	30	废品定额生产成本	2 225		2 225
	30	回收残料		500	1 725
	30	结转废品净损失		1 725	平

编制产品生产成本计算表,如表4-34所示。

表4-34　B产品生产成本计算表

2015年6月　　　　单位:元

摘　要	直接材料	直接人工	制造费用	废品损失	合计
生产总成本	205 200.00	89 333.00	60 000.00		354 533.00
结转废品生产成本	-1 300.00	-550.00	-375.00		-2 225.00
转入废品损失				1 725.00	1 725.00
合格产品总成本	203 900.00	88 783.00	59 625.00	1 725.00	354 033.00
合格产品单位成本	256.48	111.68	75.00	2.17	445.33

（四）停工损失的概述

停工损失是指生产车间或车间内某个班组在停工期间发生的各项费用,包括停工期间发生的材料费用、职工薪酬费用和制造费用等。在实际工作中,停工不满一个工作日的,一般不计算停工损失。应由过失单位或保险公司负担的赔款、季节性生产企业在其季节性停工期间发生的费用,不作为停工损失中来核算。

（五）停工损失的核算

1. 停工损失核算的账户设置

企业通过设置“停工损失”总分类账户来考核和控制停工期间发生的各项费用;或者在“生产成本”总分类账户下设置“停工损失”明细账,组织停工损失的核算;并且应当增设“停工损失”成本项目。

“停工损失”账户借方登记生产单位停工期间发生的各项停工损失,借记“停工损失”科目,贷记“原材料”、“应付职工薪酬”、“制造费用”等科目。贷方登记应向过失单位或保险公司索赔的,计入营业外支出的和分配结转的停工损失,借记“其他应收款”、“营业外支出”、“基本生产成本”等科目,贷记“停工损失”科目;分配结转停工损失以后,该账户应无余额。

“停工损失”账户应当按照生产单位设置明细账，并按费用项目设置专栏组织明细账核算。

2. 停工损失的归集

（1）计算停工损失的原始凭证。计算计算停工损失的原始凭证主要是经审核后的“停工报告单”。生产单位因各种原因发生停工时，值班人员应当及时向生产单位负责人报告，以便查明原因，尽快恢复生产。如果在一天内不能恢复生产，生产单位应填写“停工报告单”，报送厂部有关部门。企业由于外部原因和自然灾害发生的停工，除由生产单位填写“停工报告单”外，还应编写专门报告并附有关凭证，以便处理停工损失。企业和生产单位的核算人员，应当对“停工报告单”所列停工范围、时间及其原因和过失单位等内容进行审核，并查明原因，明确责任单位或个人。只有经过审核以后的“停工报告单”（见表 4－35），才能作为停工损失核算的原始依据。

表 4－35　停工报告单

NO：　　　　　　　　　　　　　　日期：

<table>
<tr><td>部门</td><td colspan="3"></td><td>停工范围</td><td></td></tr>
<tr><td rowspan="2">停工时间</td><td colspan="2">开始时间</td><td colspan="3"></td></tr>
<tr><td colspan="2">结束时间</td><td colspan="3"></td></tr>
<tr><td>停工人数</td><td></td><td>损失时间</td><td></td><td>损失金额</td><td></td></tr>
<tr><td>停工产品</td><td></td><td>制单号</td><td></td><td>进度状况</td><td></td></tr>
<tr><td colspan="6">停工原因说明：
1. 待料；
2. 季节性生产；
3. 机器设备大修理；
4. 机器故障；
5. 计划减产；
6. 品质异常；
7. 安全事故；
8. 其他</td></tr>
</table>

厂长：　　　　主管副厂长：　　　　生产主管：　　　　制表：

（2）停工损失的计算。在核算停工损失时，由于是按照生产车间或车间内某个班组来组织核算，所以各项费用，如原材料、水电费、职工薪酬费用等，一般可以根据有关原始凭证确认后直接计入；制造费用能够直接确认的应尽量直接计入，不能直接确认的可以按照停工工时数和制造费用分配率分配计入。

【例 4－20】中城钢制品厂 2015 年 6 月基本生产车间由于设备故障停工 2 天，停工期间支付生产工人工资薪酬费用 12 000 元；由于外部供电线路故障停工 2 天，停工期间支付生产工人工资薪酬费用 12 000 元，损失材料费用 2 000 元，分摊制造费用 8 000 元。根据资料编制会计分录如下：

借:停工损失——基本生产车间　　34 000

　贷:原材料　　2 000

　　应付职工薪酬——工资　　24 000

　　制造费用——基本生产车间　　8 000

3. 停工损失的分配结转

企业“停工损失”账户归集的停工损失,应当根据发生停工的原因进行分配和结转。可以获得赔偿的停工损失,应当积极索赔,并冲减停工损失。在确认停工损失时,由于自然灾害等原因引起的非正常停工损失,应计入营业外支出;机器设备大修期间停工的损失计入生产单位制造费用;其他原因造成的停工损失,应计入产品成本(停工损失项目)。

应计入产品的成本的停工损失,如果停工的车间只生产一种产品,应直接记入该种产品成本明细账的“停工损失”成本项目;如果停工的车间生产多种产品,可以采用一定的分配方法在各种产品之间进行分配以后,分别计入该生产单位各种产品生产成本明细账中的“停工损失”成本项目,其分配方法可参照制造费用的分配方法。

【例 4 - 21】中城钢制品厂 2015 年 6 月基本生产车间 生产 A、B、C 三种产品,由于设备故障停工损失 12 000 元计入产品成本;其中,A 分摊 2 000 元,B 分摊 4 000元,C 分摊 6 000 元。由于外部线路原因造成停工损失22 000元,供电局已同意赔偿 8 000 元,则净损失的 14 000 元列作营业外支出,有关索赔和分配结转停工损失的会计分录如下：

借:基本生产成本——A 产品　　2 000

　　　　　　　——B 产品　　4 000

　　　　　　　——C 产品　　6 000

　其他应收款——供电局　　8000

　营业外支出　　14 000

　贷:停工损失——基本生产车间　　34 000

三、实践指南

为了便于分清责任,实行有效控制,组织废品核算应遵循一定的凭证手续。同时为了保证产品质量,及时发现废品,避免更大损失的发生,企业各生产部门均应配备专职的质量检验员。在产品质量检验中,一旦发现废品,不论是在产品的生产过程中发现,还是在半成品、产成品入库后发现,产品质量检验人员都应填制“废品通知单”。

第八节 核算生产费用

到了期末，生产费用都归集在“生产成本”或“基本生产成本”账户，成本核算人员必须知道这个月在产品的成本是多少，完工产品的成本是多少。

一、工作流程

生产费用核算的流程如图 4－8 所示。

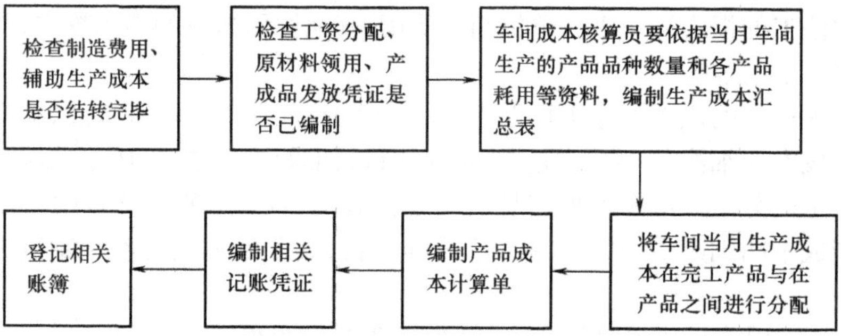

图 4－8 生产费用核算的流程图

二、专业知识

（一）在产品数量的核算

1. 在产品数量的确定

在产品，是指企业已经投入生产，但尚未完工，不能作为商品出售的产品。在产品有广义和狭义之分。广义的在产品就企业而言的，它是指尚未加工完毕，不能作为商品出售的产品，包括正在生产车间加工的在产品、需要进一步加工的自制半成品以及需要返修的废品等；狭义的在产品是指就某一生产单位（如分厂或车间）或某一生产步骤尚未加工或装配完成的产品。

月末当产品成本明细账按成本项目归集了产品的本月生产费用以后，如果产品已全部完工，产品成本明细账中归集的生产费用（如果有月初在产品，还包括月初在产品费用）之和，就是该完工产品的成本；如果当月全部产品都没有完工，产品成本明细账中归集的生产费用之和，就是该种在产品的成本；如果既有完工产品又有在产品，产品成本明细账中归集的生产费用之和，应在完工产品和月末在产品之间采用适当的分配方法，进行生产费用的分配和归集，以计算完工产品和月末在产品的成本。月初在产品费用、本月生产费用与本月完工产品费用、月末在产品费用

之间的关系,可用下列公式表达:

月初在产品费用+本月生产费用=本月完工产品费用+月末在产品费用

从上述公式可以看出,确定完工产品成本的方法有两种:一是先计算确定月末在产品费用,然后倒算出完工产品费用;二是将公式前两项之和按照一定比例在完工产品和月末在产品之间进行分配,同时求得完工产品费用和月末在产品费用。无论采用哪一种方法,各月末在产品的数量和费用的大小及数量或费用变化的大小,对于完工产品成本计算都有很大影响。

2. 在产品收发结存的日常核算

在产品数量的核算,应同时具备账面核算资料和实际盘点资料,做好在产品收发结存的日常核算工作和产品的清查工作,既可从账面上随时掌握和控制在产品的动态,又可查清在产品的实际数量。这不仅为正确计算产品制造成本提供可靠的产量资料,也为合理组织生产提供在产品的动态资料,还能保证在产品实物的安全完整,并在在产品资金管理中起重要作用。

在产品收发结存的日常核算,是通过在产品收发结存账进行的,在实务中这种台账也叫在产品台账。企业应根据生产特点,分车间并按照产品的品种和在产品的名称设置在产品台账、反映车间各种在产品的转入、转出和结存的数量。各车间应认真做好在产品的计量、验收和转移的交接工作,并在此基础上根据领料凭证、在产品内部转移凭证和产品入库凭证及时登记在产品收发结存账。该账可以由车间核算人员登记,也可由班组工人中兼职核算人员登记,然后由车间核算人员审核汇总。

3. 在产品清查的核算

为保证在产品的数量和质量,做到在产品账实相符,同时为正确计算产品成本和编制生产计划提供资料,月末结账前一般应对在产品进行全面清查;同时,还可以结合实际需要进行不定期的清查。

车间在清查盘点在产品时,应安排人员进行认真的清点,要避免发生重复点、漏点和错点的现象。清查结果,根据实际盘点数和账面资料编制在产品盘存表,列明在产品的账面数、实存数、盘盈、盘亏数以及盘亏的原因和处理意见等,对于报废和毁损的在产品还要登记残值。成本核算人员应对在产品盘存表进行认真审核,并报有关部门审批,同时对在产品盘盈、盘亏进行账务处理。

在产品发生盘盈时,按盘盈在产品的定额成本或计划成本,借记“基本生产成本”账户,贷记“待处理财产损溢”账户;按规定核销时,则借记“待处理财务损溢”账户,贷记“制造费用”账户,以冲减制造费用。

在产品发生盘亏或毁损时,借记“待处理财产损溢”账户,贷记“基本生产成本”账户,以冲减在产品的账面价值。毁损在产品残值,应借记“原材料”账户,贷记“待处理财产损溢”账户,冲减其损失。按规定核销在产品的损失时,根据不同情况将损失从“待处理财产损溢 ”账户的贷方转出,对准予计入产品成本的损失,借记“制造费用”账户;由于自然灾害造成的非常损失,借“营业外支出”账户 ;对于保险公司、过失人赔偿的部分,借记“银行存款”或“其他应收款”账户。为了正确、及时地归集和分配制造费用,在产品的盘盈、盘亏的账务处理,应该在制造费用结账前正确进行。

【例4-22】某企业对基本生产车间在产品清查结果如下:甲产品盘盈3件,单位定额成本9元;乙产品盘亏2件,单位定额成本12元;丙产品由于自然灾害毁损200件,单位定额为20元,残值300元,保险公司赔偿3 000元,已收到赔偿款。根据上述资料,编制会计分录如下:

(1)在产品盘盈的核算

盘盈时:

借:基本生产成本——甲产品　　27

　贷:待处理财产损溢　　27

批准后转账时:

借:待处理财产损溢——待处理流动资产损溢　　27

　贷:制造费用　　27

(2)在产品盘亏和毁损的处理

盘亏和毁损时:

借:待处理财产损溢——待处理流动资产损溢　　4 024

　贷:基本生产成本——乙产品　　24

　　　　　　　　——丙产品　　4 000

材料入库时:

借:原材料　　300

　贷:待处理财产损溢——待处理流动资产损溢　　300

批准后转账时:

借:制造费用　　24

　营业外支出　　700

　银行存款　　3 000

　贷:待处理财产损溢——待处理流动资产损溢　　3 724

(二)生产费用在完工产品和在产品之间分配

生产费用在完工产品和在产品之间的分配问题,关系到产品单位成本计算和定价的正确性。如何采用合理和简便的方法在完工产品与月末在产品之间进行费用分配,是正确计算产品成本的一个重要问题。如果费用分配不合理,那将会影响成本计算的正确性,影响对成本计划执行情况的考核,也影响着企业利润计算的正确性。

企业应根据月末在产品数量的多少、各月末在产品数量变动的大小、各项费用在成本中所占比重的大小,以及定额管理基础的好坏等具体条件确定适当的方法,来确定生产费用在完工产品和在产品之间的分配。常用的分配方法有:不计算在产品成本法、在产品按完工产品成本计算法、在产品按年初数固定计算法、在产品按所耗原材料费用计价法、约当产量法、在产品按定额成本计价法、定额比例法等。

1. 不计算在产品成本法

不计算在产品成本法，是指月末即使有在产品，但也不计算在产品成本，某种产品当月发生的生产费用，全部计入当月完工产品的成本。这种方法适用于在产品生产周期较短，月末没有在产品，或是月末在产品数量很少的企业或车间，因而算不算在产品成本对完工产品成本影响不大。

2. 在产品按完工产品成本计算法

在产品按完工产品成本计算法是将在产品视同完工产品计算、分配生产费用。这种方法适用于月末在产品已接近完工，或产品已经加工完毕但尚未验收或包装入库的产品。

3. 在产品按年初数固定计算法

在产品按年初数固定计算法，是指各月末在产品成本按年初数计算，固定不变，每月完工产品成本即为当月发生的生产费用。这种方法适用于各月间在产品数量变化不大月初、月末在产品成本差额对完工产品成本影响不大的产品。它的特点是每年只在年末计算 12 月末在产品成本，在次年 1 ~ 11 月份，不论在产品数量是否发生变化，都固定地以年 12 月末在产品成本作为各月在产品成本。所以，每年年终的在产品成本，必须根据年终实际盘点的在产品数量重新计算，以保证产品成本核算的相对准确性。

4. 在产品按所耗原材料费用计价法

在产品按所耗原材料费用计价法，是指月末在产品只计算原材料费用，其他费用全部由完工产品成本负担。这种方法下，某种产品的全部生产费用，减去按原材料费用计算的在产品成本后的余额，就是该种完工产品的总成本。此种方法适用于各月在产品数量较多，各月在产品数量变化较大，原材料费用在产品成本中所占比重较大，而且是在生产开始时就一次全部投入的产品。由于产品成本中原材料费用比重大，人工及制造费用比重就较小，对于未完工的在产品来说，其人工、制造费用就更小，这样月初、月末在产品人工及制造费用的差额也就很小，因此，为了简化核算，在产品可以不计算人工及制造费用。如酿酒、造纸和纺织等企业的产品就可以采用这种方法。其计算公式如下：

$$\text{单位产品原材料成本}=\frac{\text{原材料费用总额}}{\text{完工产品数量}+\text{月末在产品数量}}$$

$$\text{月末在产品成本}=\text{月末在产品数量}\times\text{单位产品原材料成本}$$

【例 4 - 23】某企业生产车间生产甲产品的直接材料费用在产品成本中所占比重较大，在产品只计算直接材料成本。月初在产品的直接材料成本 4 000 元，本月投入直接材料成本 20 000 元，本月投入直接人工 1 200 元，制造费用 900 元。本月完工产品为 120 件，月末在产品为 30 件。该产品的直接材料于生产开始时一次性投入，在产品与完工产品按数量比例分配材料费用。

完工产品成本和月末在产品成本分配计算如下：

(1)单位产品应负担直接费用 $= \frac{4\ 000+20\ 000}{120+30} = 160$(元)

(2)月末在产品原材料费用(月末在产品成本)$30 \times 160 = 4\ 800$ 元

(3)本月完工产品成本 $= 4\ 000 + 20\ 000 + 1\ 200 + 900 - 4\ 800 = 21\ 300$ 元

5.约当产量法

约当产量法或称约当产量比例法，是指将生产费用按照完工产品数量和月末在产品约当产量的比例，分配计算完工产品成本和月末在产品成本的方法。这里讲的约当产量，是指月末在产品数量按其完工程度或投料程度折算为相当于完工产品的数量。由于约当产量比例只要在正确统计月末在产品结存数量和正确估计月末在产品完工程度的前提下，就可较客观简便地划分完工产品与月末在产品的成本，因此，约当产量比例法适用范围广 。它适用于月末在产品数量较大，各月末在产品数量变化也较大，产品成本中原材料费用和人工及制造费用所占的比重相差不多的产品。约当产量比例法计算公式如下：

$$月末在产品约当产量 = 月末在产品结存产量 \times 在产品完工百分比$$

$$费用分配率 = \frac{月初在产品费用 + 本月生产费用}{完工产品产量 + 在产品约当产量}$$

$$完工产品总成本 = 完工产品产量 \times 费用分配率$$

$$月末在产品成本 = 月末在产品约当产量 \times 费用分配率$$

采用约当产量比例法分配在产品与产成品费用时，由于月末在产品的投料程度和加工程序可能不一致，直接材料、直接人工和制造费用的投入程序也可能不同，因此，应该分别产品成本项目计算月末在产品的约当产量，根据不同的约当产量分配不同成本项目的费用。其中，直接材料成本项目应根据月末在产品所耗直接材料的投入程度折算约当产量；直接人工和制造费用等加工费用成本项目应根据月末在产品的完工程度折算约当产量。

原材料费用有在生产开始时一次性投入，或是随着生产进度陆续投料，所以，原材料费用按约当产量比例法分配时，也应按一定的方法计算确定完工产品和月末在产品的原材料费用。

(1)按在产品投料程度计算约当产量，分配材料费用：

①原材料在生产开始时一次性投入。产品生产所耗直接材料在生产开始时一次性投入，在产品所耗直接材料与完工产品相同，所以直接材料费用应按两者的数量比例进行分配。

②原材料在每道生产工序开始时一次性投入。在这种情况下，单件在产品所耗直接材料与完工产品不同，但每道工序的投料程序按 100% 计算。确定月末在产品约当产量的公式如下：

$$某工序月末在产品约当产量 = 该工序在产品数量 \times 截止该工序的投料率$$

$$某工序期末在产品投料率 = \frac{截止该工序累计投料额}{该产品应投料额} \times 100\%$$

【例 4－24】某生产车间生产甲产品经三道工序完成，其材料在每道工序开始时一次性投入，各工序材料消耗定额分别为：第一道工序 130 千克，第二道工序 210 千克，第三道工序 160 千克。9 月末各工序在产品数量分别为：第一道工序 100 件，第二道工序 200 件，第三道工序 38 件。该种产品 9 月初原材料费用为 1 538 元，9 月份投入原材料费用为 1 462 元。该月完工产品 800 件。

要求：计算各工序按原材料投料程度表示的完工率；计算 9 月末在产品约当产量；分配计算完工产品和月末在产品的原材料费用。

计算结果如下：

各道工序按原材料投料程度表示的完工率：

$$第一道工序的完工率=\frac{130}{130+210+160}\times 100\%=26\%$$

$$第二道工序的完工率=\frac{130+210}{130+210+160}\times 100\%=68\%$$

$$第三道工序的完工率=\frac{130+210+160}{130+210+160}\times 100\%=100\%$$

9 月末在产品约当产量：

$$第一道工序的约当产量=100\times 26\%=26(件)$$

$$第二道工序的约当产量=200\times 68\%=136(件)$$

$$第三道工序的约当产量=38\times 100\%=38(件)$$

$$9月末在产品约当产量=26+136+38=200(件)$$

$$原材料费用分配率=\frac{1\ 538+1\ 462}{800+200}=3(元)$$

$$完工产品原材料费用=800\times 3=2\ 400(元)$$

$$在产品原材料费用=200\times 3=600(元)$$

③原材料随生产过程陆续投入。在这种情况下，单件在产品所耗直接材料与完工产品不相同，每道工序的投料程序按 50% 计算。

【例 4－25】某生产车间生产甲产品分三道工序加工，原材料随加工进度陆续投入，本月投入材料费用总额为 19 598.04 元。单位产品原材料消耗定额：第一道工序 50 千克，第二道工序 30 千克，第三道工序 20 千克。月末在产品完工程序均为本工序的 50%。其他资料如表 4－36 所示。

表 4－36　在产品投料程度及约当产量计算表

工　序	项　目	产量(件)	投料率(%)	约当产量(件)	材料成本(元)
一	完工产品	100			
	月末在产品	20			
二	完工产品	90			
	月末在产品	10			
三	完工产品	60			
	月末在产品	30			
合　计					

要求:(1)计算各程序投料率和约当产量;

(2)按约当产量分配各工序产品材料费用(将计算结果填入表中,写出计算程序)。

计算结果如下:

①各程序投料率:

$$第一道工序完工产品投料率=\frac{50}{50+30+20}\times100\%=50\%$$

$$第一道工序在产品投料率=\frac{50\times50\%}{100}\times100\%=25\%$$

$$第二道工序完工产品投料率=\frac{50+30}{50+30+20}\times100\%=80\%$$

$$第二道工序在产品投料率=\frac{50+30\times50\%}{100}\times100\%=65\%$$

$$第三道工序完工产品投料率=\frac{50+30+20}{50+30+20}\times100\%=100\%$$

$$第三道工序在产品投料率=\frac{50+30+20\times50\%}{100}\times100\%=90\%$$

约当产量:

第一道工序完工产品约当产量 $=100\times50\%=50$

第一道工序在产品约当产量 $=20\times25\%=5$

第二道工序完工产品约当产量 $=90\times80\%=72$

第二道工序在产品约当产量 $=10\times65\%=6.5$

第三道工序完工产品约当产量 $=60\times100\%=60$

第三道工序在产品约当产量 $=30\times90\%=27$

②分配材料费用:

$$分配率=\frac{19\ 598.04}{220.5}=88.88$$

第一道工序完工产品材料费用 $=50\times88.88=4\ 444$(元)

第一道工序在产品材料费用 $=5\times88.88=444.4$(元)

第二道工序完工产品材料费用 $=72\times88.88=6\ 399.36$(元)

第二道工序在产品材料费用 $=6.5\times88.88=577.72$(元)

第三道工序完工产品材料费用 $=60\times88.88=5\ 332.8$(元)

第三道工序在产品材料费用 $=27\times88.88=2\ 399.76$(元)

将计算结果填入在产品投料程度及约当产量计算表如表4-37所示。

表4-37 在产品投料程度及约当产量计算表

工序	项　目	产量(件)	投料率(%)	约当产量(件)	材料成本(元)
一	完工产品	100	50	50.00	4 444.00
	月末在产品	20	25	5.00	444.40
二	完工产品	90	80	72.00	6 399.36
	月末在产品	10	65	6.50	577.72

续表

工序	项　目	产量(件)	投料率(%)	约当产量(件)	材料成本(元)
三	完工产品	60	100	60.00	5 332.80
	月末在产品	30	90	27.00	2 399.76
合　计				220.50	19 598.04

(2)运用约当产量法计算在产品的其他费用。在产品的其他费用是指直接人工费用和制造费用等。产品生产发生的直接人工、制造费用等加工费用是随着工艺过程的进行而慢慢增加的,因而在产品与完工产品承担的加工费用不能直接按它们的实际数量比例进行分配,而应将月末在产品实际数量按其加工程度折算成约当产量,按约当产量比例分配计算。在产品的加工程度一般可以通过技术测定或用其他方法测定,加工程度测定准确与否,对费用分配的正确性影响较大。

①平均计算完工率,即一律按50%作为各工序在产品的完工程度。各工序在产品数量和单位产品在各工序的加工量都相差不多的情况下,后面各工序在产品多加工的程序可以抵补前面各工序少加工的程度。这样,全部在产品完工程度可按50%平均计算。

②各工序分别测算完工率,如果各工序加工量不均衡,在产品数量不均衡,那么各工序在产品的完工程度就需要按工序分别测定。可以按照各工序的累计工时定额占完工产品工时定额的比例计算,事前确定各工序在产品的完工序。计算公式如下:

$$\text{某工序在产品完工率}=\frac{\text{前面各工序工时定额之和}+\text{本工序工时定额}\times 50\%}{\text{产品工时定额}}\times 100\%$$

式中,本工序工时定额之所以乘以50%,是因为该工序中各件在产品完工程度不同,为简化核算,在本工序一律按平均完工率50%计算 。在产品在上一道工序转入下一道工序时,因为上一道工序已完工,所以前面各工序的工时定额应按100%计算 。

【例4-26】某企业生产A产品,月初在产品加本月发生的直接人工费用为36 000元,制造费用为9 000元。该产品经过三道工序加工制成,单位工时定额为20小时,其中,第一道工序工时定额为6小时,第二道工序工时定额为10小时,第三道工序工时定额为4小时。A产品本月完工124件。第一道工序在产品60件;第二道工序在产品40件;第三道工序在产品50件。根据各道工序月末在产品的数量和各道工序的完工率,分别计算各道工序月末在产品的约当产量及完工产品与在产品的直接人工费用和制造费用。

各道工序完工率计算如下:

$$\text{第一道工序完工率}=\frac{6\times 50\%}{20}\times 100\%=15\%$$

$$\text{第二道工序完工率}=\frac{6+10\times 50\%}{20}\times 100\%=55\%$$

$$\text{第三道工序完工率}=\frac{6+10+4\times 50\%}{20}\times 100\%=90\%$$

在产品约当产量计算过程如表4-38所示。

表4-38　约当产量计算表　　　　单位:件

工　序	完工率(%)	在产品数量		完工产品数量	约当产量合计
		结存量	约当产量		
一	15	60	9		
二	55	40	22		
三	90	50	45		
合　计		150	76	124	200

完工产品与月末在产品按约当产量比例法分配直接人工费用和制造费用计算如下：

$$直接人工费用分配率=\frac{36\ 000}{124+76}=180(元)$$

$$完工产品直接人工费用=124\times 180=22\ 320(元)$$

$$月末在产品直接人工费用=36\ 000-22\ 320=13\ 680(元)$$

$$制造费用分配率=9\ 000\div(124+76)=45(元)$$

$$完工产品制造费用=124\times 45=5\ 580(元)$$

$$月末在产品制造费用=76\times 45=3\ 420(元)$$

6.*在产品按定额成本计价法*

在产品按定额成本计价法,是指根据各月月末在产品实际结存数量和单位产品定额成本,计算出月末在产品的定额成本,以定额成本作为月末在产品的实际成本,对月末在产品进行计价的一种方法。采用这种方法时,月初在产品的定额成本加上本月生产费用,再减去按定额成本计算的月末在产品成本,其余额为完工产品成本。每月实际生产费用脱离费用定额的差异全部计入当月完工产品成本。这种方法适用于定额管理基础较好,各项消耗定额或费用定额比较准确、稳定,而且各月在产品数量变化不大的产品。

在产品按定额成本计价法公式表示如下：

在产品定额成本=在产品直接材料定额成本+在产品直接人工定额成本+产品制造费用定额成本

在产品直接材料定额成本=在产品实际数量×单位在产品材料消耗定额×直接材料计划单价

在产品直接人工定额成本=在产品实际数量×单位在产品工时定额×计划小时工资率

在产品制造费用定额成本=在产品实际数量×单位在产品工时定额×计划小时费用率

【例4-27】某企业生产B产品,2015年10月份完工B产品1 500件,月末结存在产品200件。单位产品材料的消耗定额为2千克,每千克材料的计划单价为30元;单位在产品工时定额为2小时,每工时定额直接人工计划数为10元,每工时定额制造费用计划数为20元。月初在产品和本月生产耗费总计为:直接材料112 000元,直接人工57 000元,制造费用56 000元。材料系生产一开始时一次性投入,月末在产品按定额成本计价。

费用分配计算过程如表4－39所示。

表4－39　产品成本计算单

产品名称:B产品　　2015年10月　　单位:元

成本项目	生产费用合计	月末在产品成本	完工产品成本	单位成本
直接材料	112 000	200×2×30＝12 000	100 000	66.67
直接人工	57 000	200×2×10＝4 000	53 000	35.33
制造费用	56 000	200×2×20＝8 000	48 000	32.00
合计	225 000	24 000	201 000	134.00

采用在产品按定额成本计价法计算较为简便,但由于在产品是按定额成本计价的,这样在产品的实际耗费与产品定额成本之间的差异将全部由完工产品来承担。如果本月生产产品费用脱离定额的差异比较大,就会影响到成本计算的准确性;反之,对完工产品成本计算的正确性影响很小。因此,为简化成本计算工作,可采用在产品按定额成本计价法。需要指出的是,采用这种方法还要求定额资料相对稳定,若修订定额,则在修订定额的月份,月末在产品的新定额耗用与旧定额耗用之间的差异也将全部由完工产品成本承担。

采用在产品按定额成本计价法时,若产品成本中直接材料成本所占比重比较大,为了进一步简化核算工作,月末在产品成本也可以只按定额成本直接计算,在产品直接材料脱离定额的差异和其他各项实际费用计入完工产品成本,即将在产品按所耗直接材料费用计价法与在产品按定额成本计价法相结合。

7. 定额比例法

定额比例法,是指按照完工产品和月末在产品的定额消耗量或定额费用的比例,分配计算完工产品和月末在产品成本的一种方法。其中,原材料费用按原材料定额消耗量或原材料定额费用比例分配:人工费用和制造费用等各项加工费用,按定额工时或定额费用比例分配。

定额比例法适用于定额管理基础较好的产品,即各项消耗定额或费用定额比较准确、稳定,但各月末在产品数量变化较大的产品。月初和月末单件在产品费用脱离定额的差异,在产品的消耗定额或费用定额比较准确、稳定的情况下影响不大;但如果各月末在产品数量变化较大,因而月初在产品脱离定额的差异总额与月末在产品脱离定额的差异总额会较大,若仍采用在产品按定额成本计价法,将月末在产品脱离定额差异全部由完工产品负担,会对完工产品成本的正确性发生较大的影响。而采用定额比例法,产品的实际耗费与产品的定额成本之间的差异要在完工产品和月末在产品之间按比例分配,由完工产品和月末在产品共同负担成本脱离定额的差异,提高了产品成本计算的正确性。

定额比例法由于既可以按定额消耗量,又可以按费用定额分配费用,以定额消耗量为例:

$$原材料费用分配率=\frac{月初在产品原材料实际消耗量+本月实际原材料消耗量}{完工产品定额原材料消耗量+月末在产品定额原材料消耗量}$$

完工产品实际原材料费用 = 完工产品定额原材料消耗量 × 原材料消耗量分配率

月末在产品实际原材料费用 = 月末在产品定额原材料消耗量 × 原材料消耗量分配率

$$工资（消耗量）分配率=\frac{月初在产品实际工资消耗量+本月实际消耗量}{完工产品定额工时+月末在产品定额工时}$$

完工产品实际工资（消耗量）= 完工产品定额工时 × 工资（消耗量）分配率

月末在产品实际工资（消耗量）= 月末在产品定额工时 × 工资（消耗量）分配率

【例 4－28】某企业生产 A 产品，有关资料如表 4－40 所示：

表 4－40

项　　目	直接材料	直接人工	制造费用	产量（件）
月初在产品成本	1 303	792.80	429.80	10
本月发生费用	20 000	5 500.00	4 000.00	
本月投入				140
本月完工				120

有关定额情况：完工产品材料定额 20 公斤，月末在产品材料消耗定额 10 公斤；完工产品工时定额 10 小时，月末在产品工时定额 6 小时。

要求：根据上述资料，采用定额比例法计算完工产品与在产品成本。

计算过程如下：

（1）分配材料费用：

材料定额耗用量：完工产品 = 120 × 20 = 2 400（千克）

月末在产品 = 30 × 10 = 300（千克）

$$分配率=\frac{1\ 303+20\ 000}{2\ 400+300}=7.89$$

完工产品材料成本 = 2 400 × 7.89 = 18 936（元）

在产品材料成本 = 300 × 7.89 = 2 367（元）

（2）分配人工费用：

工时定额耗用量：完工产品 = 120 × 10 = 1 200（小时）

月末在产品 = 30 × 6 = 180（小时）

$$分配率=\frac{792.8+5\ 500}{1\ 200+180}=4.56$$

完工产品人工成本 = 1 200 × 4.56 = 5 472（元）

在产品人工成本 = 180 × 4.56 = 820.8（元）

（3）分配制造费用：

$$分配率=\frac{429.8+4\ 000}{1\ 200+180}=3.21$$

完工产品制造费用 = 1 200 × 3.21 = 3 852（元）

在产品制造费用 = 180 × 3.21 = 577.8（元）

（4）完工产品总成本和在产品总成本如下：

完工产品总成本 = 18 936 + 5 472 + 3 852 = 28 260（元）

在产品总成本 = 2 367 + 820.8 + 577.8 = 3 765.6（元）

采用定额比例法分配完工产品和月末在产品成本，不仅分配结果比较准确，同时还便于将实际费用与定额费用相比较，分析和考核定额的执行情况。如直接材料成本项目的分配率表示了直接材料成本的超支或节约的百分比：若分配率大于1，表示实际直接材料成本的超支；若分配率小于1，表示实际直接材料成本的节约。

当然，按照上述公式分配计划生产费用，必须取得完工产品和月末在产品的定额消耗量或定额费用资料。其中，作为费用分配标准的月末在产品定额原材料费用和定额工时，都是根据月末各工序在产品的账面结存数量或实际盘存数量，以及相应的消耗定额或费用定额具体计算的。如果在产品的种类和生产工序繁多，工作量会很大，为了简化成本计算工作，月末在产品定额消耗量及其分配率可采用倒挤的方法计算。其计算公式如下：

月末在产品定额消耗量（费用）= 月初在产品定额消耗量（费用）+ 本月投入的定额消耗量（费用）- 本月完工产品定额消耗量（费用）

该公式中的月初在产品定额消耗量（费用）即上月末在产品定额消耗量（费用）；本月投入的定额消耗量（费用）根据本月限额领料单等相关原始记录计算；本月完工产品定额消耗量（费用）根据完工产品数量乘以消耗定额计算。定额消耗量（费用）包括定额原材料费用和定额工时两种。

采用倒挤的方法计算月末在产品的定额数据，虽然简化了计算工作，但在发生在产品盘盈或盘亏的情况下，据以计算求得的成本资料就不能如实反映产品成本的水平。为了加强对在产品的管理和控制，提高成本计算的正确性，必须每隔一定时期（一季或半年）对在产品进行盘点，根据在产品实存数量计算在产品定额消耗量。

三、实践指南

完工产品包括完工产成品、完工半成品及完工辅助产品，其成本结转见以下会计分录：

（1）完工产成品：

借：库存商品

　贷：基本生产成本

（2）完工半成品：

借：自制半成品

　贷：基本生产成本

（3）完工辅助产品：

借：低值易耗品等

　贷：辅助生产成本

第五章　产品成本计算的基本方法

生产成本归集分配完毕后，应按成本核算对象编制成本计算单，并选择一定的成本计算方法，计算各种产品的总成本和单位成本。企业在进行成本计算时，应当根据其生产工艺过程、生产组织特点和成本管理要求，确定成本计算方法。成本计算的基本方法有品种法、分批法和分步法三种。

第一节　产品成本核算的品种法

一、品种法概述

（一）品种法的概念

产品成本计算的品种法，是以产品的品种作为成本计算对象，归集生产费用，计算产品成本的方法。品种法是最基本的产品成本计算方法。这种方法一般适用于单步骤、大量生产的企业。在这种类型的生产中，产品的生产工艺过程不可能或者不需要划分为多个生产步骤，因而也就不可能或者不需要按照步骤计算产品成本，如发电、采掘等企业。在大量、大批的多步骤生产中，如果企业或车间的规模较小，或者车间是封闭式的（即从原材料投入到产品产出的全过程，都是在 一个车间内进行的），或者生产是按流水线组织的，管理上不要求按照生产步骤计算产品成本，也可以采用品种法计算产品成本，如小型水泥厂、织布厂等。

（二）品种法的特点

1. 成本计算对象

在采用品种法计算产品成本的企业或车间里，成本计算对象就是产品品种。如果只生产一种产品，计算产品成本时，只需要为这种产品开设一本产品成本明细账，账内按成本项目设立专栏或专行。在这种情况下，所发生的全部生产费用都是直接计入费用，可以直接计入该产品成本明细账的有关成本项目，不存在在各成本计算对象之间分配费用的问题。如果是生产多种产品，产品成本明细账就要按照产品品种分别设置，发生的生产费用中，能分得清是哪种产品耗用的，可以直接记入该产品成本明细账的各有关成本项目，分不清的则要采用适当的分配方法，在各成本计算对象之间进行分配，然后分别计入各产品成本明细账的有关成本项目。

2. 成本计算期

品种法的成本计算期一般按月进行。因为大量、大批生产意味着不断投入和不断产出，很难确定产品的生产周期，只能定期在月末计算当月产出的完工产品成本。因此，成本计算期与会计报告期一致，但与产品生产周期不一致。

3. 费用在完工产品与在产品之间的分配

在单步骤生产中，由于单步骤生产是一个生产步骤就完成了整个生产过程，所以月末一般没有在产品，因此月末计算产品成本时不需要将生产费用在完工产品和在产品之间进行分配。

在多步骤生产、管理上又不要求提供各步骤成本的情况下，由于多步骤生产需要经过多个生产步骤，所以月末一般会有在产品，这就需要将产品成本明细账中归集的生产费用，选择适当的分配方法，在完工产品与月末在产品之间进行分配，以便计算完工产品成本和月末在产品成本。

二、品种法的运用

（一）品种法的成本计算程序

1. 按产品品种设立成本明细账，根据各项费用的原始凭证及相关资料编制有关记账凭证并登记有关明细账，并编制各种费用分配表分配各种要素费用；

2. 根据上述各种费用分配表和其他相关资料，登记辅助生产明细账、基本生产明细账、制造费用明细账等；

3. 根据辅助生产明细账编制辅助生产成本分配表，分配辅助生产成本；

4. 根据制造费用明细账编制制造费用分配表，在各种产品之间分配制造费用，并据以登记基本生产成本明细账；

5. 根据各产品基本生产明细账编制产品成本计算单，分配完工产品成本和在产品成本；

6. 汇编产成品的成本汇总表，结转产成品成本。

具体计算程序如图 5－1 所示。

（二）品种法运用实例

【例 5－1】天山有限责任公司设有一个基本生产车间，大量生产甲、乙两种产品，设有机修和供水两个辅助生产车间。该公司根据生产特点和成本管理的要求，对甲、乙两种产品采用品种法计算产品成本，开设“基本生产成本明细账”，并设置“直接材料”、“直接人工”和“制造费用”三个成本项目。甲、乙产品所需原材料系开工时一次投入，甲、乙产品共同耗用的材料按直接材料消耗比例分配。基本生产车间生产工人工资、制造费用均按生产工时比例分配。对辅助生产车间不单独核算制造费用，归集的辅助生产费用采用直接分配法进行分配。月末，甲、乙产品采用约当产量法计算月末在产品成本。该企业 2015 年 7 月份有关产品产量及成本资料如表 5－1 至表 5－5 所示：

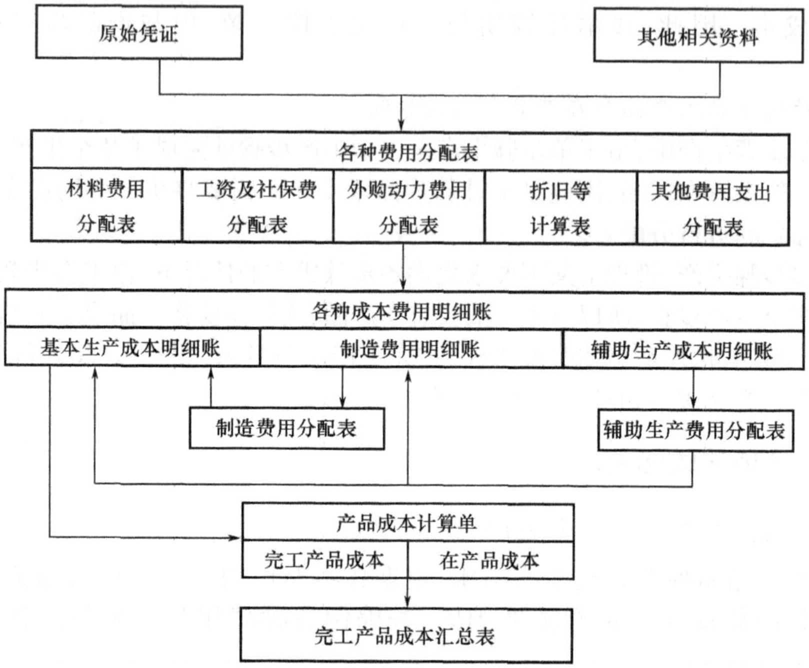

图5-1　品种法产品成本计算程序图

表5-1　月初在产品成本　　金额单位:元

产品品种	直接材料	直接工资	制造费用	合计
甲产品	50 000	5 000	9 000	64 000
乙产品	64 000	6 000	10 800	80 800

表5-2　产量资料　　单位:件

项目	甲产品	乙产品
期初在产品	100	80
本月投产	800	320
本月完工	700	340
月末在产品	200	60

注:甲、乙产品月末在产品完工程度均为50%。

表5-3　工时记录　　单位:小时

产品名称	生产工时	备注
甲产品	17 000	
乙产品	12 300	
合计	29 300	

表 5－4 辅助生产车间劳务资料

受益部门	辅助生产车间		备注
	机修车间（修理工时）	供水车间（吨）	
基本生产车间	1 800	15 000	
企业管理部门	150	500	
机修车间		300	
供水车间	50		
合计	2 000	15 800	

表 5－5 本月生产费用资料 单位：元

项目	基本生产车间				辅助生产车间				合计
	甲产品	乙产品	共同耗用	车间耗用	机修车间		供水车间		
					生产耗用	车间耗用	生产耗用	车间耗用	
原材料	250 000	160 000	246 000	24 000	8 000	1 000	3 000	500	692 500
工资			140 000	8 200	12 000	1 600	4 800	1 100	167 700
社保费			50 400	2 952	4 320	576	1 728	396	60 372
折旧费				55 000		8 600		1 400	65 000
外购动力				48 000		10 300		6 700	65 000
燃料费用				20 800					20 800
办公费用				26 948		989		1 146	29 083
合　计	250 000	160 000	436 400	185 900	24 320	23 065	9 528	11 242	1 100 455

根据上述有关资料，甲、乙两种产品成本计算过程如下（计算结果精确到元）：

（1）以甲、乙产品为成本计算对象分别开设基本生产成本明细账（见表 5－19、表5－20）。

（2）根据审核无误的领料凭证，按用途编制原材料费用分配表，如表 5－6 所示：

表 5－6 原材料费用分配表

2015 年 7 月 31 日 金额单位：元

应借账户		成本或费用项目	间接计入费用			直接计入费用	合计
总账账户	明细账户		分配标准	分配率	分配额		
基本生产成本	甲产品	直接材料	250 000	0.6	150 000	250 000	400 000
	乙产品	直接材料	160 000	0.6	96 000	160 000	256 000

续表

应借账户		成本或费用项目	间接计入费用			直接计入费用	合计
总账账户	明细账户		分配标准	分配率	分配额		
辅助生产成本	机修车间	直接材料				9 000	9 000
	供水车间	直接材料				3 500	3 500
制造费用	基本生产车间	物料消耗				24 000	24 000
合计					246 000	446 500	692 500

注：材料费用分配率 = $\frac{246\ 000}{250\ 000 + 160\ 000} = 0.6$

根据表 5－6 材料费用分配表编制会计分录如下：

借：基本生产成本——甲产品　400 000
　　　　　　　　——乙产品　256 000
　　辅助生产成本——机修车间　9 000
　　　　　　　　——供水车间　3 500
　　制造费用——基本生产车间　24 000
　贷：原材料——某材料　692 500

（3）根据本月工资结算汇总表与社会保险费用的提取比例（假定为 36%），编制工资及社保费用分配表，如表 5－7 所示：

表 5－7　工资及社保费用分配表

2015 年 7 月 31 日　　金额单位：元

应借账户		成本或费用项目	应付工资			计提比例	应付社保费用
总账账户	明细账户		工时	分配率	分配额		
基本生产成本	甲产品	直接人工	17 000	4.7782	81 229	36%	29 242
	乙产品	直接人工	12 300	4.7782	58 771	36%	21 158
辅助生产成本	机修车间	直接人工			13 600	36%	4 896
	供水车间	直接人工			5 900	36%	2 124
制造费用	基本生产车间	工资及社保			8 200	36%	2 952
合计					167 700	36%	60 372

注：工资费用分配率 = $\frac{140\ 000}{17\ 000 + 12\ 300} = 4.778\ 2$

根据表 5－7 工资及社保费分配表编制会计分录如下：

借:基本生产成本——甲产品　　81 229
　　　　　　　——乙产品　　58 771
　辅助生产成本——机修车间　　13 600
　　　　　　　——供水车间　　5 900
　制造费用——基本生产车间　　8 200
　贷:应付职工薪酬——工资　　67 700

借:基本生产成本——甲产品　　29 242
　　　　　　　——乙产品　　21 158
　辅助生产成本——机修车间　　4 896
　　　　　　　——供水车间　　2 124
　制造费用——基本生产车间　　2 952
　贷:应付职工薪酬——社保费　　60 372

(4)编制固定资产折旧费用分配表,分配固定资产折旧费用,如表5－8所示:

表5－8　固定资产折旧费分配表

2015年7月31日　　　　金额单位:元

应借账户		成本或费用项目	累计折旧		
总账账户	二级账户		固定资产类别	折旧率	折旧额
辅助生产成本	机修车间	制造费用			8 600
	供水车间	制造费用			1 400
制造费用	基本生产车间	折旧费			55 000
合计					65 000

根据表5－8固定资产折旧费分配表编制会计分录如下:

借:辅助生产成本——机修车间　　600
　　　　　　　——供水车间　　1 400
　制造费用——基本生产车间　　55 000
　贷:累计折旧　　65 000

(5)编制外购动力分配表如表5－9所示:

表5－9　外购动力费分配表

2015年7月31日　　　　金额单位:元

应借账户		成本或费用项目	应付账款		
总账账户	二级账户		仪表记录	分配率	电费
辅助生产成本	机修车间	制造费用			10 300
	供水车间	制造费用			6 700
制造费用	基本生产车间	动力费			48 000
合计					65 000

根据表5－9外购动力费分配表，编制会计分录如下：

借：辅助生产成本——机修车间　　10 300
　　　　　　　　——供水车间　　6 700
　制造费用——基本生产车间　　48 000
　贷：应付账款——某电力公司　　65 000

（6）编制燃料费用分配表如表5－10所示：

表5－10　燃料费用分配表

2015年7月31日　　金额单位：元

应借账户		成本或费用项目	待摊费用	
总账账户	明细账户		摊销项目	月摊销额
制造费用	基本生产车间	燃料费	燃料费	20 800
合计				20 800

根据表5－10燃料费用分配表编制会计分录如下：

借：制造费用——基本生产车间　　20 800
　贷：燃料　　20 800

（7）根据有关资料编制其他费用分配表如表5－11所示：

表5－11　其他费用分配表

2015年7月31日　　金额单位：元

应借账户		成本或费用项目	现金	银行存款
总账账户	二级账户			
辅助生产成本	机修车间	制造费用		989
	供水车间	制造费用		1 146
制造费用	基本生产车间	其他费用		26 948
合计				29 083

注：假定费用以银行存款支付。

根据表5－11其他费用分配表，编制会计分录如下：

借：辅助生产成本——机修车间　　989
　　　　　　　　——供水车间　　1 049
　制造费用——基本生产车间　　26 948
　贷：银行存款　　29 083

（8）分配机修车间和供水车间归集的辅助生产费用，编制辅助生产费用分配表，如表5－12所示。

表 5－12　辅助生产费用分配表(直接分配法)

2015 年 7 月 31 日　　　　　　金额单位:元

项目				机修车间	供水车间	金额合计
归集的辅助生产费用				47 385	20 770	68 155
提供给辅助车间以外的劳务量				1 950	15 500	
辅助费用分配率				24.3	1.34	
应借账户	制造费用	基本生产车间	接受劳务量	1 800	15 000	
			应负担费用	43 740	20 100	63 840
	管理费用		接受劳务量	150	500	
			应负担费用	3 645	670	4 315
分配费用额合计				47 385	20 770	68 155

在成本会计实务中,需要将发生并分配的辅助生产费用在辅助生产成本明细账中进行登记,计算出本月发生的全部辅助生产费用,再按一定的方法进行分配,本节将辅助生产费用明细账的登记放在分配之后一并反映。

根据表 5－12 的辅助生产费用分配表,编制会计分录如下:

借:制造费用——基本生产车间　　　　63 840

　管理费用　　　　4 315

　贷:辅助生产成本——机修车间　　　　47 385

　　　　——供水车间　　　　20 770

(9)根据上述有关资料,登记辅助生产成本明细账如表 5－13、表 5－14 所示。

表 5－13　辅助生产成本明细账　　　　总第　页

辅助生产车间:机修车间　　　产品或劳务:修理劳务　　　字第 × 页

2015 年		摘要	成本项目			合计
月	日		直接材料	直接人工	制造费用	
7	31	分配材料费用(表 5－6)	8 000		1 000	9 000
		分配工资费用(表 5－7)		12 000	1 600	13 600
		分配社保费用(表 5－7)		4 320	576	4 896
		分配折旧费用(表 5－8)			8 600	8 600
		分配动力费用(表 5－9)			10 300	10 300
		分配其他费用(表 5－11)			989	989
		本月生产费用合计	8 000	16 320	23 065	47 385
		分配机修费用(表 5－12)	8 000	16 320	23 065	47 385

表 5－14 辅助生产成本明细账　　总第　页

辅助生产车间:供水车间　　产品或劳务:水　　字第×页

2015 年		摘要	成本项目			合计
月	日		直接材料	直接人工	制造费用	
7	31	分配材料费用(表 5－6)	3 000		500	3 500
		分配工资费用(表 5－7)		4 800	1 100	5 900
		分配社保费用(表 5－7)		1 728	396	2 124
		分配折旧费用(表 5－8)			1 400	1 400
		分配动力费用(表 5－9)			6 700	6 700
		分配其他费用(表 5－11)			1 146	1 146
		本月生产费用合计	3 000	6 528	11 242	20 770
		分配机修费用(表 5－12)	3 000	6 528	11 242	20 770

(10)根据有关会计分录(记账凭证)登记基本生产车间制造费用明细账如表 5－15所示:

表 5－15　制造费用明细账　　总第　页

车间名称:基本生产车间　　字第×页

2015 年		摘要	借方	贷方	借或贷	余额	(借)方项目						
月	日						物料消耗	工资	福利费	折旧费	水电费	修理费	其他费用
7	31	材料费(表 5－6)	24 000		借	24 000	24 000						
		人工费(表 5－7)	11 152		借	35 152		8 200	2 952				
		折旧费(表 5－8)	55 000		借	90 152				55 000			
		动力费(表 5－9)	48 000		借	138 152					48 000		
		燃料费(表 5－10)	20 800		借	158 952						20 800	
		其他费(表 5－11)	26 948		借	185 900							26 948
		机修费(表 5－12)	43 740		借	229 640						43 740	
		水费	20 100		借	249 740					20 100		
		分配		249 740	平	0	24 000	8 200	2 952	5 500	68 100	64 540	26 948

说明:表 5－15 中所示的制造费用分配业务应当在编制制造费用分配表并编制记账凭证后方能进行登记。

(11)编制制造费用分配表,分配本月制造费用如表 5－16 所示:

表 5－16　制造费用分配表

2015 年 7 月 31 日　　金额单位:元

应借账户		成本项目	分配标准（工时）	分配率	分配金额
总账账户	二级账户				
基本生产成本	甲产品	制造费用	17 000		144 900
	乙产品	制造费用	12 300		104 840
合计			29 300	8.5235	249 740

注:制造费用分配率 $=\frac{249\ 740}{17\ 000+12\ 300}=8.523\ 5$

根据表 5－16,编制会计分录如下:

借:基本生产成本——甲产品　　144 900

　基本生产成本——乙产品　　104 840

　贷:制造费用——基本生产车间　　249 740

(12)根据基本生产成本明细账记录,计算甲、乙完工产品的总成本与单位成本。编制产品成本计算单如表 5－17、表 5－18 所示:

表 5－17　产品成本计算单

2015 年 7 月 31 日　　本月完工:700 件

产品名称:甲产品　　月末在产品:200 件

摘要	直接材料	直接人工	制造费用	合计
月初在产品成本	50 000	5 000	9 000	64 000
本月生产费用	400 000	110 471	144 900	655 371
生产费用合计	450 000	115 471	153 900	719 371
月末在产品成本	100 000	14 434	19 238	133 672
完工产品总成本	350 000	101 037	134 662	585 699
单位成本	500.00	144.34	192.37	836.71

在表 5－17 中,月末在产品成本计算过程如下:

$$月末在产品直接材料成本=\frac{450\ 000}{700+200}\times 200=100\ 000$$

$$月末在产品直接人工成本=\frac{115\ 471}{700+200\times 50\%}\times 100=14\ 434$$

$$月末在产品制造费用=\frac{153\ 900}{700+200\times 50\%}\times 100=19\ 238$$

根据表 5－17,结转完工甲产品成本,编制会计分录如下:

借:库存商品——甲产品　　585 699

　贷:基本生产成本——甲产品　　585 699

表 5 – 18　产品成本计算单

2015 年 7 月 31 日　　本月完工:340 件

产品名称:乙产品　　月末在产品: 60 件

摘要	直接材料	直接人工	制造费用	合计
月初在产品成本	64 000	6 000	10 800	80 800
本月生产费用	256 000	79 929	104 840	440 769
生产费用合计	320 000	85 929	115 640	521 569
月末在产品成本	48 000	6 967	9 376	64 343
完工产品总成本	272 000	78 962	106 264	457 226
单位成本	800.00	232.24	312.54	1 344.78

表 5 – 18 中,月末在产品成本计算如下:

$$月末在产品直接材料成本 = \frac{320\ 000}{340 + 60} \times 60 = 48\ 000$$

$$月末在产品直接人工成本 = \frac{85\ 929}{340 + 60 \times 50\%} \times 30 = 6\ 967$$

$$月末在产品制造费用 = \frac{115\ 640}{340 + 60 \times 50\%} \times 30 = 9\ 376$$

根据表 5 – 18,结转完工乙产品成本,编制会计分录如下:

借:库存商品——乙产品　　457 226

　贷:基本生产成本——乙产品　　457 226

(13)根据有关记账凭证登记基本生产成本明细账如表 5 – 19、表 5 – 20 所示:

表 5 – 19　基本生产成本明细账　　总第　页

产品: 甲产品　　生产车间:基本生产车间　　投产时间:　　字第 × 页

2015 年		摘要	产量(件)	成本项目			合计
月	日			直接材料	直接人工	制造费用	
7	1	月初在产品成本	100	50 000	5 000	9 000	64 000
	31	分配材料费用(表 5 – 6)	800	400 000			400 000
		分配人工费用(表 5 – 7)			81 229		81 299
		分配社保费用(表 5 – 7)			29 242		29 242
		分配制造费用(表 5 – 16)				144 900	144 900
		本月生产费用合计	900	450 000	115 471	153 900	719 371
		结转完工产品成本(表 5 – 17)	700	350 000	101 037	134 662	585 699
		月末在产品成本	200	100 000	14 434	19 238	133 672

表 5-20 基本生产成本明细账 总第 页

产品:乙产品 生产车间:基本生产车间 投产时间: 字第×页

2015 年		摘要	产量（件）	成本项目			合计
月	日			直接材料	直接人工	制造费用	
7	1	月初在产品成本	80	64 000	6 000	10 800	80 800
	31	分配材料费用(表 5-6)	320	256 000			256 000
		分配人工费用(表 5-7)			58 771		58 771
		分配社保费用(表 5-7)			21 158		21 158
		分配制造费用(表 5-16)				104 840	104 840
		本月生产费用合计	400	320 000	85 929	115 640	521 569
		结转完工产品成本(表 5-17)	340	272 000	78 962	106 264	457 226
		月末在产品成本	60	48 000	6 967	9 376	64 343

第二节 产品成本计算的分批法

一、分批法概述

(一)分批法的概念

产品成本计算的分批法,是指以产品的批号或订单作为成本计算对象,归集生产费用,计算产品成本的方法。这种方法主要适用于单件、小批生产的企业,如造船、重型机械制造、精密仪器制造等,也可用于一般企业中的新产品试制或试验的生产、在建工程以及设备修理作业等。

(二)分批法的特点

1. 成本计算对象

分批法的成本计算对象以产品批号或订单作为成本计算对象。产品的订单与组织产品生产的批号之间存在着三种情况:①一份订单一个批号,这时按照产品批别计算产品成本,实际就是按照订单计算产品成本,因而分批法也称为订单法。②一份订单几个批号,具体有三种情况:当一份订单中有多种产品时,按照产品的品种划分批号组织生产,计算产品成本;当一份订单中是一件或一种由许多部件装配而成的大型复杂产品,如大型船舶制造,产品价值大,生产周期长,也可以按照产品的组成部分,分批号组织生产,计算产品成本;当一份订单的批量较大,对方又要求分期交货时,可以划分为若干批号组织生产,计算产品成本。③几份订单一个批号,当在同一周期内,企业接到不同购货单位要求生产同一产品的几张订单,为了经济合理地组织生产,可以将其合并为一批组织生产,计算产品成本。因此,分批法的成本计算对象不是购货单位的订单，而是企业生产部门按照购货单位的订单，结合企业的实际情况签发下达的生产任务通知单，对该批生产任务进行编号，这种编号称为产品批号或生产令，成本会计部门应当根据产品批号设置基本生产成本明细账。

2. 成本计算期

为了保证各批产品成本计算的正确性，各批产品成本明细账的设立和结算，应与生产任务通知单的签发和结束紧密配合，协调一致，即各批或各订单产品的成本总额，在其完工后计算确定。因而完工产品成本计算是不定期的，其成本计算期与产品的生产周期基本一致，而与会计报告期不一致。

3. 费用在完工产品与在产品之间的分配

在单件生产的情况下，产品完工前，所归集的生产费用就是在产品成本，产品完工后，所归集的生产费用就是完工产品成本。在小批生产的情况下，在月末计算产品成本时，往往已经全部完工形成完工产品成本，或者全部没有完工形成期末在产品成本。因此，分批法一般不存在完工产品成本和在产品成本之间分配问题。

在批量较大的情况下，出现批内产品跨月陆续完工交货的，就有必要将所归集的生产费用在完工产品与在产品之间进行分配，以便计算完工产品成本和月末在产品成本。为了简化核算手续，对于同一批次内先完工的产品，可以按计划单位成本、定额单位成本，或最近一期相同产品的实际单位成本计价，从该批产品的成本计算单中转出，剩下的即为该批产品的在产品成本。当该批产品全部完工时，另行计算该批产品实际总成本和单位成本，但对原来计算并转出的前期完工产品成本，不作账面调整。如果同一批次产品跨月完工的数量较多，为正确计算产品成本，应采用适当的方法，在完工产品和在产品之间分配生产费用。为了使同一批产品尽量同时完工，避免跨月陆续完工的情况，减少在完工产品与月末在产品之间分配费用的工作，在合理组织生产的前提下，可以适当缩小产品的批量。

二、分批法的运用

（一）分批法的成本计算程序

1. 产品投产时，按批号（生产令号）设置成本计算单，按成本项目归集生产费用，计算本批产品的成本。

2. 各月份按批别汇集和分配生产费用，编制各种费用汇总分配表，登记成本计算单。

3. 产品完工月份，计算该批产品自开工之日起所发生的总成本和单位成本，并结转产成品成本。

具体计算程序如图 5－2 所示。

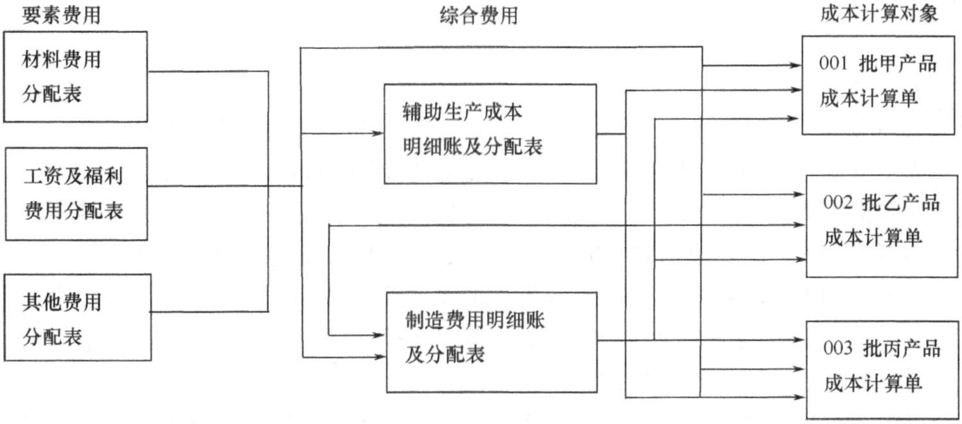

图 5－2　分批法产品成本计算程序图

(二)分批法运用实例

【例 5－2】大华机械制造有限责任公司根据购买单位的要求，小批生产 A、B、C 三种产品，采用分批法计算成本。该公司 2015 年 7 月的生产情况和生产费用支出情况如下：

(1)本月份生产的产品批号及完工情况如表 5－21 所示：

表 5－21　产品生产情况

产品批号	产品名称	投产情况	本月完工数量	月末在产品
710	A 产品	7 月 5 日投产 24 件	16 件	8 件
711	B 产品	7 月 10 日投产 20 件		20 件
612	C 产品	6 月 20 日投产 32 件	8 件	24 件

(2)月初在产品成本如表 5－22 所示：

表 5－22　在产品资料

产品批号	产品名称	成本项目			合计
		直接材料	直接人工	制造费用	
612	C 产品	5 920	2 640	2 880	11 440

(3)本月份各批号产品发生的生产费用资料如表 5－23 所示。

表 5－23　产品生产费用资料　　单位：元

批号	产品名称	原材料	直接人工	制造费用	合计
710	A 产品	9 024	5 520	6 200	20 744
711	B 产品	7 960	6 280	5 380	19 620
612	C 产品	4 400	4 280	5 000	13 680

(4)完工产品与在产品之间的费用分配方法：

710 批号 A 产品本月完工数量较大，采用约当产量法确认期末在产品成本。该批产品所需原材料在生产开始时一次投入，在产品完工程度为 50%。

711 批号 B 产品本月全部未完工，本月生产费用全部是在产品成本。

612 批号 C 产品本月完工数量少，为简化核算，完工产品按计划成本结转。每台产品单位计划成本：原材料 320 元，直接人工 210 元，制造费用 245 元。

根据上述资料，开设当月投资各批别的基本生产成本明细账，并根据提供的资料登记各批产品的基本生产成本明细账(费用分配表的编制从略)，基本生产成本明细表，如表 5－24、表 5－25、表 5－26 所示。

①计算 710 批号 A 产品完工产品与在产品成本，开设并登记 710 批号产品的基本生产成本明细账。

本月完工 A 产品 16 件，分配生产费用如下：

$$\text{完工产品应负担原材料费用} = \frac{9\ 024}{24} \times 16 = 6\ 016(\text{元})$$

$$\text{月末在产品应负担原材料费用} = 9\ 024 - 6\ 016 = 3\ 008(\text{元})$$

$$\text{完工产品应负担直接人工费用} = \frac{5\ 520}{16 + 8 \times 50\%} \times 16 = 4\ 416(\text{元})$$

$$\text{月末在产品应负担直接人工费用} = 5\ 520 - 4\ 416 = 1\ 104(\text{元})$$

$$\text{完工产品应负担的制造费用} = \frac{6\ 200}{16 + 8 \times 50\%} \times 16 = 4\ 960(\text{元})$$

$$\text{月末在产品应负担的制造费用} = 6\ 200 - 4\ 960 = 1\ 240(\text{元})$$

表 5－24　基本生产成本明细账

产品批号:710　　　　　　　　　　　　　　　　投产日期:7 月

产品名称:A 产品　　批量:24 件　　完工:16 件　　完工日期:7 月

2015 年		凭证号数	摘要	成本项目			合计
月	日			直接材料	直接人工	制造费用	
7	31	略	分配材料费用	9 024			9 024
	31		分配人工费用		5 520		5 520
	31		分配制造费用			6 200	6 200
	31		本月生产费用	9 024	5 520	6 200	20 744
	31		完工产品成本	6 018	4 416	4 960	15 392
	31		完工产品单位成本	376	276	310	962
	31		在产品成本	3 008	1 104	1 240	5 352

②开设并登记 711 批号 B 产品的基本生产成本明细账。

表 5－25　基本生产成本明细账

产品批号:711　　　　　　　　　　　　　　　　　　　　　投产日期:7 月
产品名称:B 产品　　　　　　　　批量:20 件　　　　　　　　　　完工日期:

2015 年		凭证号数	摘要	成本项目			合计
月	日			直接材料	直接人工	制造费用	
7	31	略	分配材料费用	7 960			7 960
	31		分配人工费用		6 280		6 280
	31		分配制造费用			5 380	5 380

③计算 612 批号的完工 C 产品成本,并登记 612 批号 C 产品的基本生产成本明细账。

C 产品本月完工 8 件,按计划单位成本计算完工产品成本如下:

完工产品原材料费用 = 320 × 8 = 2 560(元)

完工产品直接人工费用 = 210 × 8 = 1 680(元)

完工产品制造费用 = 245 × 8 = 1 960(元)

完工产品总成本 = 2 560 + 1 680 + 1 960 = 6 200(元)

在产品成本 = 全部生产费用合计 - 完工产品成本。

表 5－26　产品基本生产成本明细账

产品批号:612　　　　　　　　　　　　　　　　　　　　　投产日期:6 月
产品名称:C 产品　　　批量:32 件　　　7 月完工 8 件　　　完工日期:

2015 年		凭证号数	摘要	成本项目			合计
月	日			直接材料	直接人工	制造费用	
7	1		月初在产品	5 920	2 640	2 880	11 440
7	31	略	分配材料费用	4 400			4 400
	31		分配人工费用		4 280		4 280
	31		分配制造费用			5 000	5 000
	31		本月生产费用合计	10 320	6 920	7 880	25 120
	31		完工产品成本	2 560	1 680	1 960	6 200
	31		单位计划成本	320	210	245	775
	31		在产品成本	7 760	5 240	5 920	18 920

根据表 5－24、表 5－26 中确定的完工产品成本,作会计分录如下:

借:库存商品——A 产品　　　　15 392
　　　　　　——C 产品　　　　6 200
　贷:基本生产成本——710(A 产品)　　　15 392
　　　　　　　　　——612(C 产品)　　　6 200

三、简化分批法

在小批、单件生产的企业或车间中，有时同一月份投产的产品批数很多，而且月末未完工的批数也较多，在这种情况下，如果把当月发生的间接计入费用全部分配给各批产品，费用分配的核算工作将非常繁重。为了简化核算工作，在投产批数繁多而且月末未完工批数较多的企业，可以采用一种简化的分批法。

简化分批法，是通过对间接费用采用累计分配率进行分配，以减少成本计算工作量的分批法。采用这种方法，仍应按照产品批别设立产品成本明细账，但在各批产品完工之前，账内只需要按月登记直接计入费用（如原材料费用）和产品工时，每月发生的人工费用和制造费用等间接费用，不是按月在各批产品之间进行分配，而是将这些间接费用累计起来，只有在有产品完工的那个月份，才对完工产品按照其累计工时的比例分配，间接计入费用，计算完工产品成本。由于简化分批法在月末未完工产品的批别之间不再分配间接费用，因此，也被称为“不分批计算在产品成本的分批法”。简化分批法适用于投产批次众多，而每月完工批次较少的企业。

（一）简化分批法的成本计算程序

1. 按照产品批别设置产品生产成本明细账（或称成本计算单）和基本生产成本二级账。

按产品批别设置产品生产成本明细账，并分别按成本项目设置专栏或专行，平时账内仅登记直接计入费用（原材料费用）和生产工时；另外，还要按全部产品设立一个“基本生产成本二级账”，归集反映企业投产的所有批次产品在生产过程中所发生的各项费用和累计生产工时。

2. 归集和分配生产费用及生产工时

（1）根据某月初在产品成本及生产工时资料记入各批产品生产成本明细账和“基本生产成本二级账”。

（2）根据本月原材料费用分配表及生产工时记录，将各批产品耗用的直接材料费用和耗用的生产工时分别记入各批产品生产成本明细账和产品“基本生产成本二级账”。

（3）根据工资及其他费用（即间接计入费用）的分配表或汇总表将本月发生的工资及其他费用，不分批别地记入产品“基本生产成本二级账”。

（4）根据月初在产品成本、生产工时记录与本月生产费用、生产工时记录确定本月末各项费用与生产工时累计数。

3. 计算产品成本

在没有完工产品的月份，不再分配发生的间接费用，则各项费用与生产工时累计数转至下月继续登记。在出现完工产品的月份，对完工产品应负担的直接材料费用，可根据产品生产成本明细账中的累计生产费用，采用适当的分配方法在完工产品和在产品之间进行分配；对完工产品应负担的间接计入费用，则需要根据“基本生产成本二级账”的累计间接计入费用数与累计工时，按下述公式计算累计间接费用分配，据以分配费用，计算完工产品成本。

$$\text{累计间接费用分配率}=\frac{\text{期初结存的全部产品的间接费用}+\text{本月发生的全部间接费用}}{\text{期初结存的全部在产品工时}+\text{本月发生的全部工时}}$$

$$\text{完工产品批别应负担的间接费用}=\text{该批产品的累计工时数}\times\text{累计间接费用分配率}$$

(二)简化分批法运用实例

【例5－3】泰山有限责任公司分批生产多种产品，产品批次和月末未完工产品批次都较多，为了简化成本核算工作，采用简化的分批法计算产品成本。2015年6月份，该企业的产品批号及完工情况如表5－27所示。

表5－27　各批产品生产情况表

产品批号	产品名称	投产情况	本月完工数量	月末在产品
411	A	4月3日投产32件	32件	
512	B	5月8日投产16件	8件	8件
513	C	5月21日投产20件		20件
614	C	6月10日投产12件		12件
615	D	6月25日投产15件		15件

表5－24中批号为512的B产品，其原材料是在生产开始时一次投入，完工产品所耗工时为5 920小时，在产品的工时为2 520小时。

根据上述资料，开设并登记基本生产成本二级账及各批次基本生产成本明细账。

(1)该企业基本生产成本二级账累计资料如表5－28所示。

表5－28　基本生产成本二级账(各批产品总成本)

2015年		凭证号数	摘要	生产工时	成本项目			合计
月	日				直接材料	直接人工	制造费用	
5	31	略	期初在产品	13 700	60 614	20 292	25 966	106 872
6	30		本月发生	10 340	31 328	13 364	17 306	61 998
	30		累计数	24 040	91 942	33 656	43 272	168 870
	30		累计间接费用分配率			1.4	1.8	
	30		本月完工转出	17 520	44 712	24 528	31 536	100 776
	30		期末在产品	6 520	47 230	9 128	11 736	69 094

基本生产成本二级账中数据说明：

①5月末在产品的生产工时和各项费用是截至5月末各批产品的累计生产工时和发生的累计生产费用。

②6月份发生的直接材料费用和生产工时，是根据6月份各批次产品的原材料费用分配表、生产工时记录登记（与各该批次产品的基本生产成本明细账平行登记）；6月发生的直接人工和制造费用等间接费用，根据各该费用分配表登记。

③完工产品的直接材料费用和生产工时，根据各批次产品基本生产成本明细账中完工产品的直接材料费用和生产工时汇总登记，即：

$$\text{完工产品直接材料费用} = 35\ 460 + 9\ 252 = 44\ 712(\text{元})$$

$$\text{完工产品工时} = 11\ 600 + 5\ 920 = 17\ 520(\text{工时})$$

④全部产品累计间接费用分配率：

$$\text{累计直接人工分配率} = \frac{33\ 656}{24\ 040} = 1.4$$

$$\text{累计制造费用分配率} = \frac{43\ 272}{24\ 040} = 1.8$$

完工产品应负担的各项间接费用，可以根据完工批次产品的基本生产成本明细账中所列生产工时分别乘以各该累计间接费用分配率计算，即：

$$\text{完工产品直接人工} = 17\ 520 \times 1.4 = 24\ 528(\text{元})$$

$$\text{完工产品制造费用} = 17\ 520 \times 1.8 = 31\ 536(\text{元})$$

⑤月末在产品的直接材料费用和生产工时，根据基本生产成本二级账中累计的直接材料费用和生产工时分别减去本月完工产品的直接材料费用和生产工时计算登记；也可以根据各批次产品的基本生产成本明细账中的月末在产品的直接材料费用和生产工时汇总后登记。

⑥月末在产品的各项间接费用，可以根据基本生产成本二级账中在产品生产工时分别乘以各该费用累计分配率计算登记，即：

$$\text{月末在产品直接人工} = 6\ 520 \times 1.4 = 9\ 128(\text{元})$$

$$\text{月末在产品制造费用} = 6\ 520 \times 1.8 = 11\ 736(\text{元})$$

也可以根据基本生产成本二级账中各该成本项目的累计数分别减去完工产品负担的相应费用后计算登记。

（2）各批次产品的基本生产成本明细账的登记：

批号为411的A产品，本月末全部完工，其累计的直接材料费用和生产工时就是完工产品的直接材料费用和生产工时，将生产工时分别乘以各项人工费用累计分配率和制造费用累计分配率，即为完工产品的人工费用和制造费用。

根据间接费用累计分配率，计算A产品应负担的人工费用和制造费用如下：

$$411\text{批次A产品应负担的直接人工费用} = 11\ 600 \times 1.4 = 16\ 240(\text{元})$$

$$411\text{批次A产品应负担的制造费用} = 11\ 600 \times 1.8 = 20\ 880(\text{元})$$

批号为411的A产品基本生产成本明细账如表5－29所示。

表 5－29　基本生产成本明细账

产品批号:411　　产品名称:A　　投产日期:4 月 3 日

订货单位:三思工厂　　产品批量:32 件　　完工:32 件　　完工日期:6 月

2015 年		凭证号数	摘要	生产工时	成本项目			合计
月	日				直接材料	直接人工	制造费用	
4	30	略	本月发生	4 400	27 400			
5	31		本月发生	4 000	5 660			
6	30		本月发生	3 200	2 400			
	30		累计数	11 600	35 460			
	30		累计间接费用分配率			1.4	1.8	
	30		本月完工转出	11 600	35 460	16 240	20 880	72 580
	30		完工产品单位成本		1 108.13	507.50	652.50	2 268.13

批号为 512 的 B 产品，本月部分完工，应当按照一定的方法确定完工产品应负担的材料费用，根据完工产品所耗工时和间接费用累计分配率计算应负担的人工费用和制造费用，计算结果如下：

$$完工产品应负担的直接材料费用 = \frac{18\ 504}{16} \times 8 = 9\ 252(元)$$

在产品应负担的直接材料费用 = 18 504 − 9 252 = 9 252(元)

512 批次 B 产品应负担的直接人工费用 = 5 920 × 1.4 = 8 288(元)

512 批次 B 产品应负担的制造费用 = 5 920 × 1.8 = 10 656(元)

该批次产品的基本生产成本明细账如表 5－30 所示。

表 5－30　基本生产成本明细账

产品批号:512　　产品名称:B　　投产日期:5 月 8 日

订货单位:三合公司　　产品批量:16 件　　本月完工:8 件　　完工日期:

2015 年		凭证号数	摘要	生产工时	成本项目			合计
月	日				直接材料	直接人工	制造费用	
5	31	略	本月发生	4 800	18 504			
6	30		本月发生	3 640				
	30		累计数	8 440	18 504			
	30		累计间接费用分配率			1.4	1.8	
	30		本月完工转出	5 920	9 252	8 288	10 656	28 196
	30		完工产品单位成本		1 156.50	1 036.00	1 332.00	3 524.50
	30		月末在产品	2 520	9 252			

批号为513的C产品、批号为614的C产品和批号为615的D产品，本月份均未完工，因此，各该批次产品的基本生产成本明细账中只登记本月发生的直接材料费用和生产工时，各该批次产品基本生产成本明细账中材料费用和生产工时的累计数，即月末在产品的直接材料费用和累计消耗工时。

该三批产品的基本生产成本明细账，如表5－31、表5－32、表5－33所示。

表5－31 基本生产成本明细账

产品批号:513　　产品名称:C　　投产日期:5月21日

订货单位:景阳公司　　产品批量:20件　　本月完工:　　完工日期:

2015年		凭证号数	摘要	生产工时	成本项目			合计
月	日				直接材料	直接人工	制造费用	
5	31	略	本月发生	500	9 050			
6	30	略	本月发生	1 500	10 000			

表5－32 基本生产成本明细账

产品批号:614　　产品名称:C　　投产日期:6月10日

订货单位:华山公司　　产品批量:12件　　本月完工:　　完工日期:

2015年		凭证号数	摘要	生产工时	成本项目			合计
月	日				直接材料	直接人工	制造费用	
6	30	略	本月发生	800	11 428			

表5－33 基本生产成本明细账

产品批号:615　　产品名称:D　　投产日期:6月25日

订货单位:衡山公司　　产品批量:15件　　本月完工:　　完工日期:

2015年		凭证号数	摘要	生产工时	成本项目			合计
月	日				直接材料	直接人工	制造费用	
6	30	略	本月发生	1 200	7 500			

(三)简化分批法的优缺点及应用条件

采用简化分批法，可以简化费用的分配和登记工作，月末未完工产品的批数越多，核算工作就越简化。但是采用简化分批法也有不足之处：一是未完工批别的基本生产成本明细账不能完整地反映其在产品的成本；二是如果各月发生的间接费用相差悬殊，会影响各月产品成本计算的正确性。例如，前几个月的间接费用较多，本月的间接费用较少，而某批产品本月投产本月完工，这样，按累计间接费用分配率计算的该批完工产品成本就会发生不应有的偏高,反之会造成不应有的偏低。此外,如果月末未完工产品的批数不多,也不宜采用这种方法。因为,一方面仍要对完工产品分配登记各项间接费用,不能简化核算工作;另一方面又在一定程度上影响产品成本计算的正确性。

因此,应用简化的分批法必须具备两个条件:一是各个月份的间接费用水平比较均衡,二是月末未完工产品的批数较多。这样才能保证既简化产品成本的核算工作又确保产品成本计算的正确。

第三节　产品成本计算的分步法

一、分步法概述

(一)分步法的概念

产品成本计算的分步法,是以产品的生产步骤和产品品种作为成本计算对象,归集生产费用,计算产品成本的一种方法。它主要适用于大量、大批的多步骤生产,并且管理上要求分步骤计算产品成本的企业。在这些企业中,生产过程由若干个可以间断的生产步骤组成,每个生产步骤都有生产出的半成品(最后一个步骤生产出完工产品),这些半成品既可以用于下一个步骤继续进行加工或装配,又可以对外销售。例如,机械制造企业可分为铸造、加工装配等步骤;造纸企业可分为制浆、制纸、包装等步骤;纺织业企业可分为纺纱、织布等步骤。为了适应这一生产特点,不仅要按照产品品种,而且还要求按生产步骤计算产品成本,以满足企业计算损益和实行成本分级管理的需要。

(二)分步法的特点

1. 成本计算对象

采用分步法计算产品成本,其计算对象是各种产品及其所经过的各生产步骤,按生产步骤及产品品种设置产品成本明细账,以便按成本项目汇集各步骤的生产费用。如果一个生产步骤只生产一种产品,可按该种产品和生产步骤设置产品成本明细账;如果一个生产步骤生产多种产品,则需按生产步骤和产品品种分别设置产品成本明细账。某步骤、某种产品发生的直接费用,应直接计入该步骤该种产品成本明细账的相应成本项目之内;各步骤、各种产品共同发生的间接费用,应采用一定的标准,分配计入各步骤、各种产品的成本明细账内。

2. 成本计算期

在大量、大批多步骤生产中,由于生产过程较长,可以间断,而且往往都是跨月陆续完工,因此,成本计算一般都是按月、定期地进行,而与产品的生产周期不相一致。

3. 费用在完工产品与在产品之间的分配

由于大量、大批、多步骤生产的产品往往都是跨月陆续完工,月末各步骤一般都存在未完工的在产品。因此，在计算成本时，还需要采用适当的分配方法，将汇集在各种产品、各生产步骤产品成本明细账的生产费用，在完工产品与在产品之间进行分配，计算各产品、各生产步骤的完工产品成本和在产品成本。

4. 各步骤之间成本的结转

由于产品生产是分步进行的，上一步骤生产的半成品是下一步骤的加工对象。因此，为了计算各种产品的产成品成本，还需要按照产品品种，结转各步骤成本。

在实际工作中，由于企业管理要求不同，以及各生产步骤的成本计算和结转方式不同，根据各生产步骤是否需要计算半成品成本，分步法分为逐步结转分步法和平行结转分步法。

二、逐步结转分步法

逐步结转分步法是各个生产步骤逐步计算并结转半成品成本，直到最后生产步骤计算出完工产品成本的方法。在这种类型的企业中，各步骤所生产完工的半成品既可以作为本企业下一个步骤继续加工的对象，也可以对外销售。为了计算对外销售的半成品成本和计算以后生产步骤的产品成本，有必要计算各步骤半成品的成本。因此，逐步结转分步法也称作“计算半成品成本的分步法”。

该方法的特点是：各步骤所耗用的上一步骤半成品的成本，要随着半成品实物的转移，从上一步骤的产品成本明细账转入下一个步骤相同的产品成本明细账中，以便逐步计算各步骤的半成品成本和最后步骤的产成品成本。

(一)逐步结转分步法的成本计算程序

采用逐步结转分步法，视企业完工的半成品是否验收入库而采取不同的计算程序。

1. 半成品不通过仓库收发的成本计算程序

半成品不通过仓库收发的成本计算程序如图 5-3 所示。

图 5-3 逐步结转分步法成本计算程序图(不设自制半成品库)

2. 半成品通过仓库收发的成本计算程序

半成品通过仓库收发的成本计算程序如图 5-4 所示。

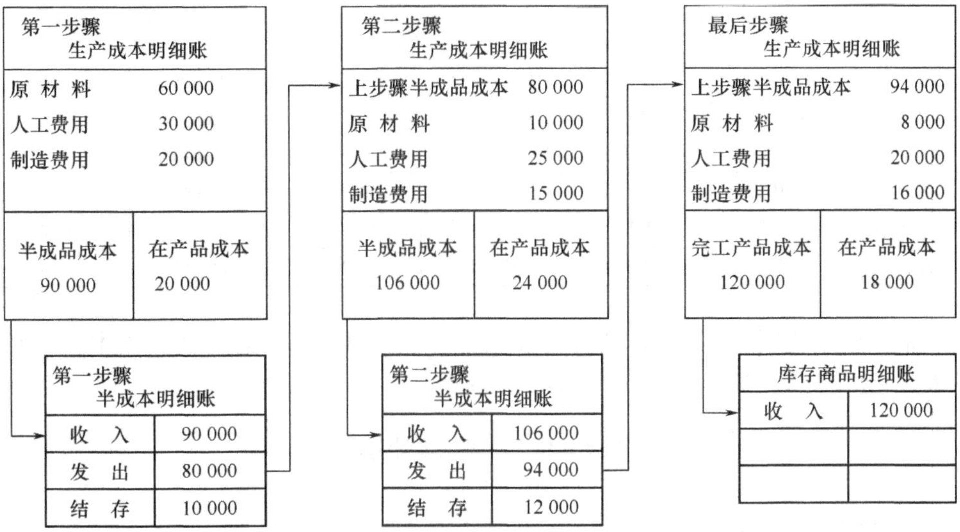

图5－4　逐步结转分步法成本计算程序图(设自制半成品库)

(二)半成品成本结转方式

采用逐步结转分步法,各生产步骤之间转移半成品实物的同时,要进行半成品成本的结转。按照转入下一生产步骤基本生产成本明细账时半成品成本的反映方式不同,分为综合结转法和分项结转法两种。

1. 综合结转分步法

综合结转法是指各生产步骤在领用上一生产步骤的半成品时,将所耗上步骤半成品的成本综合记入其基本生产成本明细账户的“原材料”或“半成品”成本项目的方法。

【例5－4】某企业2015年10月份生产甲产品,经过三个生产步骤顺序加工,第一步骤生产的半成品直接被第二步骤领用,第二步骤生产的半成品,直接被第三步骤领用,并将其加工成产成品。材料在开始生产时一次投入,在在产品按约当产量计算的情况下,有关的产量、成本计算资料见表5－34、表5－35。

表5－34　产量资料

项目	第一步	第二步	第三步
月初在产品	100	200	160
本月投产(或上月转入)	1 000	960	1 080
本月产成品	960	1 080	1 200
月末在产品	140	80	40
在产品完工程度%	50	50	50

表 5－35　生产费用资料

成本项目	第一步		第二步		第三步	
	月初在产品成本	本月发生费用	月初在产品成本	本月发生费用	月初在产品成本	本月发生费用
直接材料	32 480	333 600	73 600		61 440	
直接人工	3 192	47 880	18 240	64 152	21 888	96 672
制造费用	840	11 200	4 800	13 200	5 120	12 720
合计	36 512	392 680	96 640	77 352	88 448	109 392

根据以上资料，采用综合结转分步法计算产品成本，并编制产品成本计算单，见表 5－36、表 5－37、表 5－38 和表 5－39。

表 5－36　产品成本计算单

2015 年 10 月

生产步骤：第一步骤

产品名称：甲半成品　　　　产量：960 件

成本项目	月初在产品成本	本月发生费用	费用合计	费用分配率	完工半成品成本(960 件)	月末在产品成本(140 件)
直接材料	32 480	333 600	366 080	332.80	319 488	46 592
直接人工	3 192	47 880	51 072	49.58	47 597	3 475
制造费用	840	11 200	12 040	11.69	11 222	818
合计	36 512	392 680	429 192	394.07	378 307	50 885

表 5－36 中有关计算过程如下：

直接材料项目分配率＝366 080/（960＋140×100%）＝332.80

直接人工项目分配率＝51 072/（960＋140×50%）＝49.58

制造费用项目分配率＝12 040/（960＋140×50%）＝11.69

结转半成品成本会计分录：

借：基本生产成本——第二步骤（直接材料）　　378 307

　贷：基本生产成本——第一步骤（甲半成品）　　378 307

表 5－37　产品成本计算单

2015 年 10 月

生产步骤：第二步骤

产品名称：甲半成品　　　　产量：1 080 件

成本项目	月初在产品成本	本月发生费用	费用合计	费用分配率	完工半成品成本(1 080 件)	月末在产品成本(800 件)
直接材料	73 600	378 307	451 907	389.58	420 746	31 161
直接人工	18 240	64 152	82 392	73.56	79 445	2 947

续表

成本项目	月初在产品成本	本月发生费用	费用合计	费用分配率	完工半成品成本(1 080 件)	月末在产品成本(800 件)
制造费用	4 800	13 200	18 000	16.07	17 356	644
合计	96 640	455 659	552 299	479.21	517 547	34 752

表 5－37 中有关计算过程如下：

半成品成本项目分配率＝451 907/(1 080＋80×100%)＝389.58

直接人工项目分配率＝82 392/(1 080＋80×50%)＝73.56

制造费用项目分配率＝18 000/(1 080＋80×50%)＝16.07

结转半成品成本会计分录：

借：基本生产成本——第三步骤(直接材料)　　517 547

　贷：基本生产成本——第二步骤(甲半成品)　　517 547

表 5－38　产品成本计算单

2015 年 10 月

生产步骤：第三步骤

产品名称：甲产成品　　产量：1 200 件

成本项目	月初在产品成本	本月发生费用	费用合计	费用分配率	完工产成品成本(1 200 件)	月末在产品成本(40 件)
直接材料	61 440	517 547	578 987	466.93	560 316	18 671
直接人工	21 888	96 672	118 560	97.18	116 616	1 944
制造费用	5 120	12 720	17 840	14.62	17 544	296
合计	88 448	626 939	715 387	578.73	694 476	20 911

表 5－38 中有关计算过程如下：

半成品成本项目分配率＝578 987/(1 200＋40×100%)＝466.93

直接人工项目分配率＝11 8560/(1 200＋40×50%)＝97.18

制造费用项目分配率＝17 840/(1 200＋40×50%)＝14.62

表 5－39　甲产品成本计算单

产品名称：甲产品　　200×年 10 月　　产量 1 200 件

成本项目	总成本	单位成本
半成品	560 316	466.93
直接人工	116 616	97.18
制造费用	17 544	14.62
合计	694 476	578.73

结转完工成本会计分录：

借：库存商品——甲产品　　517 547

　贷：基本生产成本——第三步骤（甲半成品）　　517 547

从表5－39可以看出，采用综合结转分步法结转半成品成本，各步骤耗用上一步骤半成品的费用，可以直接从成本计算单中反映出来。这样，对于加强对各步骤耗用的半成品情况的监督、分析、考核及提高成本管理水平，都有重要作用。但这种方法在成本计算单里，不能直接提供按原始成本项目反映的成本资料。为此，在管理上要求整个企业考核和分析产品成本足够诚实，还应将逐步综合结转计算出的产成品成本进行成本还原。

所谓成本还原就是恢复产品成本结构的本来面目，把各步骤耗用的半成品成本，逐步分解还原为“直接材料”、“直接人工”和“制造费用”等。

成本还原的方法通常是从最后一个生产步骤开始，将其所耗用的上一生产步骤自制半成品的综合成本，按本月所生产这种半成品的成本结构比例逐步进行还原，直至还原到第一个生产步骤，使产成品成本中半成品成本还原成为原始成本项目为止。

进行成本还原，首先要计算出还原分配率，还原分配率即每一元所产半成品成本相当于产成品所耗半成品费用若干元。其计算公式为：

$$\text{成本还原分配率}=\frac{\text{本月产成品所耗上一步骤半成品成本合计}}{\text{本月上一步骤所产的半成品成本合计}}$$

$$\begin{matrix}\text{还原为上一步骤}\\\text{某成本项目金额}\end{matrix}=\begin{matrix}\text{上一步骤生产的半成品}\\\text{某成本项目的成本}\end{matrix}\times\begin{matrix}\text{成本还原}\\\text{分配率}\end{matrix}$$

现以例5－4资料计算出来的甲产品成本为例说明其还原方法，见表5－40。

表5－40　成本还原计算表

成本项目	还原前总成本	第二步半成品成本	还原额及还原率	第一步半成品成本	还原额及还原率	还原后总成本
栏目	1	2	3	4	5	6
还原分配率			1.0826		1.2040	
直接材料（半成品）	560 316	420 746	455 500	319 488	384 663	384 663
直接人工	116 616	79 445	86 007	47 597	57 307	259 930
制造费用	17 544	17 356	18 809	11 222	13 530	49 883
合计	694 476	517 547	560 316	378 307	455 500	694 476

注：三栏还原分配率＝560 316/517 547＝1.082 6

　　五栏还原分配率＝455 500/378 307＝1.204 0

还原后的产品总成本 = 五栏直接材料 +（一、三、五栏的加工费用之和）

上述成本还原方法，没有考虑以前月份所产的半成品成本结构对本月产成品所耗半成品成本结构的影响。因此，在各月份半成品成本结构变动较大的情况下，对还原结构正确性会有一定的影响。

2. 分项结转分步法

分项结转法是指将各生产步骤所耗上一步骤半成品费用，按照成本项目分项转入各该步骤产品成本明细账中相应的成本项目的方法。

仍沿用例 5 – 4 资料，按分项结转分步法计算各生产步骤半成品成本和最后步骤的产成品成本，填制第一、第二、第三各步骤生产成本计算单，见表 5 – 41、表 5 – 42、表 5 – 43 和表 5 – 44。

表 5 – 41　产品成本计算单

2015 年 10 月

生产步骤：第一步骤　　　　　　　　　　产量：960 件

产品名称：甲半成品

成本项目	月初在产品成本	本月发生费用	费用合计	费用分配率	完工半成品成本(960 件)	月末在产品成本(140 件)
直接材料	32 480	333 600	366 080	332.8	319 488	46 592
直接人工	3 192	47 880	51 072	49.58	47 597	3 475
制造费用	840	11 200	12 040	11.69	11 222	818
合计	36 512	392 680	429 192	394.07	378 307	50 885

表 5 – 41 中有关计算过程同前：

直接材料项目分配率 = 366 080/（960 + 140 × 100%）= 332.80

直接人工项目分配率 = 51 072/（960 + 140 × 50%）= 49.58

制造费用项目分配率 = 12 040/（960 + 140 × 50%）= 11.69

表 5 – 42　产品成本计算单

2015 年 10 月

生产步骤：第二步骤　　　　　　　　　　产量：1 080 件

产品名称：甲半成品

成本项目	月初在产品成本	本月发生费用	耗用上步骤半成品成本	费用合计	费用分配率	完工半成品成本（1 080 件）	月末在产品成本（80 件）
直接材料	73 600	—	319 488	393 088	338.87	365 980	27 108
直接人工	18 240	64 152	47 597	129 989	116.06	125 345	4 644
制造费用	4 800	13 200	11 222	29 222	26.09	28 177	1 045
合计	96 640	77 352	378 307	552 299	481.02	519 502	32 797

表 5 – 42 中有关计算过程如下：

直接材料项目分配率 =393 088/(1 080 +80 ×100%) =338.87

直接人工项目分配率 =129 989/(1 080 +80 ×50%) =116.06

制造费用项目分配率 =29 222/(1 080 +80 ×50%) =26.09

表 5 -43　产品成本计算单

2015 年 10 月

生产步骤:第三步骤　　　　产量:1 200 件

产品名称:甲产成品

成本项目	月初在产品成本	本月发生费用	耗用上步骤半成品成本	费用合计	费用分配率	完工半成品成本(1 200 件)	月末在产品成本(40 件)
直接材料	61 440	—	365 980	427 420	344.69	413 628	13 792
直接人工	21 888	96 672	125 345	243 905	199.92	239 904	4 001
制造费用	5 120	12 720	28 177	46 017	37.72	45 264	753
合计	88 448	109 392	519 502	717 342	582.33	698 796	18 546

表 5 -43 中有关计算过程如下:

直接材料项目分配率 =427 420/(1 200 +40 ×100%) =344.69

直接人工项目分配率 =243 905/(1 200 +40 ×50%) =199.92

制造费用项目分配率 =46 017/(1 200 +40 ×50%) =37.72

表 5 -44　甲产品成本计算单

2015 年 10 月　　　　产量:1 200 件

成本项目	总成本	单位成本
直接材料	413 628	344.69
直接人工	239 904	199.92
制造费用	45 264	37.72
合计	698 796	582.33

从表 5 -43 可以看出,采用分项结转法,逐步结转半成品成本,可以直接、正确地提供按原始成本项目反映的产成品成本资料,便于从整个企业角度考核和分析产品成本计划的执行情况,不需要进行成本还原。但是,这种方法的成本结转工作比较复杂,而且在各步骤完工产品成本中看不出所耗上一步骤半成品的费用和本步骤加工费用的水平,不便于进行完工产品成本分析。因此,这种结转方法一般适用于管理上不要求分别提供各步骤完工产品所耗上步骤费用和本步骤加工费用资料,但要求按原始成本项目反映产品成本的企业。

三、平行结转分步法

平行结转分步法,也称不计算半成品成本法,主要适用于多步骤装配式生产的企业。这类企业各步骤生产半成品的种类很多，一般只供本企业生产产品所用，很少对外销售，管理上也不要求提供各步骤半成品资料，只需核算各步骤所发生的费用及各步骤应该计入当期完工产成品中的“份额”。然后，将各步骤应计入同一产品成本的份额平行结转、汇总，即可计算出该种产品的产成品成本。

平行结转分步法具有如下特点：

(1)各生产步骤不计算半成品成本，只核算本步骤所发生的生产费用(除第一步骤外)。

(2)采用这一方法，各步骤之间不结转半成品成本。不论半成品实物是在各生产步骤之间直接转移，还是通过半成品库收发，都不进行总分类核算。也就是说半成品成本不随半成品实物的转移而转移。

(3)每月终了，将各步骤成本计算单上发生的生产费用选择适当的方法在完工产品和在产品之间进行分配。这里的“完工产品”是指最终完工的产成品；“在产品”是指就整个企业而言的未完工产品，即广义在产品，具体包括：①本步骤正在加工的在产品(亦称狭义在产品)；②本步骤完工转入以后各步骤尚未最终产成的在产品；③本步骤完工转入半成品库的半成品。

(4)将各步骤费用中应计入产成品的“份额”平行汇总，计算该种产成品的总成本和单位成本。

(一)平行结转分步法的成本计算程序

(1)按产品的生产步骤和产品品种开设基本生产成本明细账，按成本项目归集在本步骤发生的生产费用，上一生产步骤的半成品成本不随半成品实物转入下一步骤。

(2)将各生产步骤归集的生产费用在完工产品与月末广义在产品之间进行分配，以确定应计入完工产品成本的生产费用“份额”。

(3)将各步骤应计入相同完工产品成本的生产费用“份额”直接相加，计算出完工产品的实际总成本和单位成本。

平行结转分步法成本计算程序，如图5－5所示：

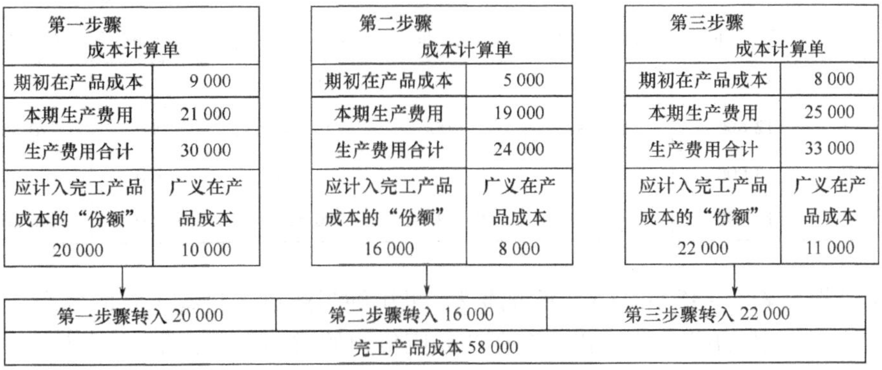

图5－5　平行结转分步法成本计算程序

（二）平行结转分步法的运用

平行结转分步法下的完工产品成本，等于各步骤应计入完工产品成本中的“份额”之和。这个应计入产品成本中的“份额”是按下式计算的：

某步骤应计入产品成本的份额＝产成品产量×单位产成品耗用该步骤半成品的数量×该成本项目费用分配率

式中“该成本项目费用分配率”可用约当产量法、定额比例法或定额成本法等方法计算求得。此处只介绍约当产量法下的计算公式：

$$某成本项目费用分配率=\frac{该步骤月初在产品成本+该步骤本月发生费用}{该步骤产品约当产量}$$

某步骤产品约当产量＝本月最终产成品数量＋该步骤广义在产品约当产量

【例5－5】近江公司2015年8月份生产N产品276件，需经过第一、第二、第三车间连续加工完成。第一车间完工的半成品全部转移给第二车间加工（半成品成本不转移，仍保留在第一车间基本生产成本明细账内，下同）；第二车间完工的半成品全部转移给第三生产车间生产出完工产品。采用平行结转分步法计算产品成本，原材料于生产开始时一次投入，各车间采用约当产量法分配完工产品与期末在产品的费用，各步骤在产品完工程度均为50%。有关产量资料和费用资料，分别如表4－53和表4－54所示。

表5－45　产量资料

项目	第一车间	第二车间	第三车间
期初在产品数量	12	36	60
本期投入产品数量	300	264	240
本期完工产品数量	264	240	276
期末在产品数量	48	60	24

表5－46　生产费用资料

项目	月初在产品成本			本期生产费用		
	第一车间	第二车间	第三车间	第一车间	第二车间	第三车间
直接材料	81 000			194 400		
直接人工	12 600	15 300	7 200	45 000	54 000	70 560
制造费用	18 000	19 800	10 800	51 120	54 450	75 600
合计	111 600	35 100	18 000	290 520	108 450	146 160

（1）根据表5－45和表5－46的资料，采用约当产量法将各步骤的生产费用在完工产品应负担的成本份额和月末在产品应负担的成本之间分配，并登记第一、第二、第三车间产品成本计算单，如表5－47、表5－48、表5－49所示。

表 5-47　第一车间产品成本计算单

产品名称:N 产品　　2015 年 8 月 31 日　　产量:276 件

摘要	直接材料	直接人工	制造费用	合计
月初在产品成本	81 000	12 600	18 000	111 600
本月生产费用	194 400	45 000	51 120	290 520
生产费用合计	275 400	57 600	69 120	402 120
完工产品数量	276	276	276	
广义在产品约当产量	132	108	108	
本步骤约当总产量	408	384	384	
分配率	675	150	180	
期末广义在产品成本	89 100	16 200	19 440	124 740
转入完工产品份额	186 300	41 400	49 680	277 380

$$直接材料分配率 = \frac{275\ 400}{276 + 48 + 60 + 24} = 675$$

应计入完工产品的直接材料"份额" $= 276 \times 675 = 186\ 300$(元)

广义在产品应负担的直接材料费用 $= (48 + 60 + 24) \times 675 = 89\ 100$(元)

$$直接人工分配率 = \frac{57\ 600}{276 + 60 + 24 + 48 \times 50\%} = 150$$

应计入完工产品的直接人工"份额" $= 276 \times 150 = 41\ 400$(元)

广义在产品应负担的直接人工费用 $= (60 + 24 + 48 \times 50\%) \times 150 = 16\ 200$(元)

$$制造费用分配率 = \frac{69\ 120}{276 + 60 + 24 + 48 \times 50\%} = 180$$

应计入完工产品的制造费用"份额" $= 276 \times 180 = 49\ 680$(元)

广义在产品应负担的制造费用 $= (60 + 24 + 48 \times 50\%) \times 180 = 19\ 440$(元)

表 5-48　第二车间产品成本计算单

产品名称:N 产品　　2015 年 8 月 31 日　　产量:276 件

摘要	直接材料	直接人工	制造费用	合计
月初在产品成本		15 300	19 800	35 100
本月生产费用		54 000	54 450	108 450
生产费用合计		69 300	74 250	143 550
完工产品数量		276	276	
广义在产品约当产量		54	54	
本步骤约当总产量		330	330	
分配率		210	225	
期末广义在产品成本		11 340	12 150	23 490
转入完工产品份额		57 960	62 100	120 060

$$直接人工分配率=\frac{69\ 300}{276+24+60\times 50\%}=210$$

应计入完工产品的直接人工"份额" = 276 × 210 = 57 960(元)

广义在产品应负担的直接人工 = (24 + 60 × 50%) × 210 = 11 340(元)

$$制造费用分配率=\frac{74\ 250}{276+24+60\times 50\%}=225$$

应计入完工产品的制造费用"份额" = 276 × 225 = 62 100(元)

广义在产品应负担的制造费用 = (24 + 60 × 50%) × 225 = 12 150(元)

表 5-49　第三车间产品成本计算单

产品名称:N 产品　　2015 年 8 月 31 日　　产量:276 件

摘要	直接材料	直接人工	制造费用	合计
月初在产品成本		7 200	10 800	18 000
本月生产费用		70 560	75 600	146 160
生产费用合计		77 760	86 400	164 160
完工产品数量		276	276	
广义在产品约当产量		12	12	
本步骤约当总产量		288	288	
分配率		270	300	
期末广义在产品成本		3 240	3 600	6 840
转入完工产品份额		74 520	82 800	157 320

$$直接人工分配率=\frac{77\ 760}{276+24\times 50\%}=270$$

应计入完工产品的直接人工"份额" = 276 × 270 = 74 520(元)

广义在产品应负担的直接人工 = (24 × 50%) × 270 = 3 240(元)

$$制造费用分配率=\frac{86\ 400}{276+24\times 50\%}=300$$

应计入完工产品的制造费用"份额" = 276 × 300 = 82 800(元)

广义在产品应负担的制造费用 = (24 × 50%)300 = 3 600(元)

(2)将第一车间、第二车间、第三车间计算出应转入完工产品成本的"份额",加以汇总,确定完工产品的制造成本,编制 N 产品成本计算汇总表,如表 5-50 所示。

表 5-50　0 产品成本计算汇总表

产品名称:N 产品　　2015 年 8 月 31 日　　产量:276 件

摘要		直接材料	直接人工	制造费用	合计
应计入产品成本的份额	一车间	186 300	41 400	49 680	277 380
	二车间		57 960	62 100	120 060
	三车间		74 520	82 800	157 320

续表

摘要	直接材料	直接人工	制造费用	合计
总成本	186 300	173 880	194 580	554 760
单位成本	675	630	705	2 010

从以上计算可以看出，平行结转分步法可以同时平行汇总计算产品成本，不用进行成本还原。这样既简化了成本计算手续，又加速了成本计算进度，但这种方法也有一些缺点：

(1)在这种成本计算法下，由于各步骤间不结转半成品成本，实物结转和成本结转不一致，因而不能全面反映各步骤的生产情况，不便于加强车间成本管理。

(2)在这种成本法下，不计算半成品成本，不能为分析半成品成本计划的完成情况和计算半成品的销售成本提供资料。

所以，平行结转分步法只宜在半成品种类较多、逐步结转半成品成本时工作量较大、管理上又不要求提供半成品资料的情况下采用。

第六章　成本报表的编制与分析

第一节　成本报表的作用和种类

一、成本报表的作用

成本报表反映企业在一定时期内产品成本费用水平及其构成情况，主要服务于企业的各级部门、企业领导、企业职工以及有关部门。产品成本作为反映企业生产经营活动情况的综合性指标，是企业经营管理水平的重要尺度。其主要作用有：

第一，提供产品成本信息，以利于企业管理当局定价决策；

第二，反映成本计划完成情况，以加强成本管理；

第三，反映各部门工作质量和责任，作为评价和考核工作业绩的主要依据。

编制成本报表的目的在于把握成本变动趋势，寻求降低成本的途径。会计部门要有针对性地编报成本报表，正确、及时地向企业领导、车间、班组和各职能部门广大职工反映成本费用的支出情况，调动他们增强成本意识，提高成本管理的积极性，同时将降低成本的任务与他们岗位工作联系起来，并落实到他们的日常行动中。

二、成本报表的种类

成本报表属于内部报表，主要为企业内部经营管理服务。其编制的内容、种类、格式、编报日期和具体报送对象，国家都不作统一规定，由企业根据生产经营特点和管理要求自行规范。

目前企业生产成本报表通常有以下几种：

（一）全部产品生产成本表

全部产品生产成本报表可以从两个不同角度进行编制和分析：一是按产品种类编制全部产品生产成本表，反映企业在报告期所产全部产品的总成本和各种主要产品（含可比产品和不可比产品）单位成本及总成本；二是按成本项目编制全部产品生产成本表，汇总反映企业在报告期发生的全部生产费用（按成本项目反映）和全部产品总成本。

（二）主要产品单位成本表

主要产品单位成本表是反映企业在报告期内生产的各种主要产品单位成本水平和构成情况的报表。该表应按主要产品分别编制，是对全部产品生产成本表所列各种主要产品成本的补充说明。利用此表，可以了解单位成本的变动情况，分析和考核各种主要产品的主要技术经济指标的执行情况，进而查明主要产品单位成本升降的具体原因。

（三）各种费用报表

各种费用是指企业在生产经营过程中，各个车间、部门为进行产品生产、组织和管理生产经营活动所发生的制造费用、销售费用、管理费用和财务费用。前者属于产品成本的组成部分，后三种属于期间费用。编制上述四种费用报表的作用在于反映各该费用计划的执行情况，分析各种费用变动的原因以及对产品成本和当期损益的影响。

第二节　成本报表的编制与分析

一、全部产品生产成本表的编制与分析

（一）按产品种类反映的全部产品生产成本表的编制与分析

【例 6－1】假定某企业某年 12 月份的全部产品生产成本（按产品种类反映）表，格式如表 6－1 所示。

此表分为基本报表和补充资料两部分。基本报表部分应按可比产品和不可比产品分别填列。可比产品是指企业过去曾经正式生产过、有完整的成本资料可以进行比较的产品。不可比产品是指企业本年度初次生产的新产品，或虽非初次生产，但以前仅属试制而未正式投产、缺乏可比的成本资料的产品。

基本报表部分编制方法，需说明的是：

（1）反映可比和不可比产品本月及本年累计的实际产量、实际单位和实际总成本本月项目，应根据本月产品成本明细账中的有关记录填列；

（2）本年累计实际产量和累计实际总成本应根据本月数加上上月本表的累计数计算填列；

（3）累计实际平均单位成本应根据累计实际总成本除以累计实际产量计算填列；

（4）计划单位成本应根据本年成本计划填列；

（5）本月和本年累计计划总成本应根据计划单位成本分别乘以本月实际产量和本年累计实际产量计算填列。

补充资料部分只填列本年累计实际数。需说明的是：

（1）

$$\text{可比产品成本降低额}=\text{可比产品按上年实际平均单位成本计算的总成本}-\text{可比产品本年累计实际总成本}$$

（2）

$$\text{可比产品成本降低率}=\frac{\text{可比产品成本降低额}}{\text{可比产品按上年实际平均单位成本计算的总成本}}\times 100\%$$

表 6－1　产品生产成本表(按产品种类反映)

××公司　　　　2015 年 12 月　　　　单位:元

产品名称	计量单位的比例	实际产量		单位成本				本月总成本			本年累计总成本		
		本月	本年累计	上年实际平均	本年计划	本月实际	本年累计实际平均	按上年实际平均单位成本计算	按本年计划单位成本计算	本月实际	按上年实际平均单位成本计算	按本年计划单位成本计算	本年实际
		1	2	3	4	5 =9 ÷1	6 = 12 ÷2	7 =1 ×3	8 =1 ×4	9	10 =2 ×3	11 =2 ×4	12
可比产品合计								19 400	19 100	18 850	270 000	266 000	269 400
其中:甲	件	50	500	84	82	83	81	4 200	4 100	4 150	42 000	41 000	40 500
乙	件	20	300	760	750	735	763	15 200	15 000	14 700	228 000	225 000	228 900
不可比产品合计									2 110	2 119		23 550	23 780
其中:丙	件	8	70		125	128	126		1 000	1 024		8 750	8 820
丁	件	3	40		370	365	374		1 110	1 095		14 800	14 960
全部产品									21 210	20 969		289 550	293 180

补充资料(本年累计实际数):

1. 可比产品成本降低额 600 元(本年计划降低额为 2 800 元);
2. 可比产品成本降低率 0.222 2%(本年计划降低率为 1.508 6%);
3. 按现行价格计算的商品产值 921 300 元;
4. 产值成本率 31.82 元/百元(本年计划产值率为 31 元/百元)。

在上例中，可比产品成本降低额 = 270 000 - 269 400 = 600（元）可比产品成本降低率 = 600 ÷ 270 000 = 0.222 2%

（3）按现行价格计算的商品产值，根据有关统计资料填列。

（4）产值成本率 = 产品总成本 ÷ 产品产值 × 100

在上例中，产值成本率 = 293 180 ÷ 921 300 × 100 = 31.82

利用此表可以分析以下问题：

1. 对全部产品成本计划的完成情况进行总括评价

根据表 6 - 1 资料编制分析表，详见表 6 - 2：

表 6 - 2　本年累计全部产品成本计划完成情况分析表　　单位：元

产品名称	计划总成本	实际总成本	实际比计划升降额	实际比计划升降率（%）
1. 可比产品	266 000	269 400	3 400	1.28
其中：甲	41 000	40 500	-500	-1.22
乙	225 000	228 900	3 900	1.73
2. 不可比产品	23 550	23 780	230	0.98
其中：丙	8 750	8 820	70	0.80
丁	14 800	14 960	160	1.08
合　计	289 550	293 180	3 630	1.25

表 6 - 2 计算表明，本年全部产品累计实际总成本超过计划 3 630 元，升高 1.25%。其中，可比产品成本实际比计划超支 3 400 元，主要是乙产品成本超支3 900 元，而甲产品成本还降低了 500 元；不可比产品成本实际比计划超支 230 元，丙、丁产品成本都超支了。显然，进一步分析的重点应查明乙产品成本超支的原因。值得注意的是，从表 5 - 1 可知，本月（12 月）全部产品总成本实际比计划降低了 241 元（即 20 969 - 21 210），降低成本 1.14%，特别是甲产品成本超支的幅度有所下降，而乙产品成本降低的幅度更大，说明年末工作有所好转。另外从补充资料中可知，本年累计实际产值率为 31.82 元/百元，说明该企业生产耗费的经济效益有所下降。

2. 分析可比产品成本降低计划的完成情况

假定上例企业本年可比产品成本降低计划如下表 6 - 3 所示：

表 6 - 3　可比产品成本降低计划表　　单位：元

可比产品	全年计划产量（件）	单位成本		总成本		计划降低指标	
		上年实际平均	本年计划	按上年实际平均单位成本计算	按本年计划单位成本计算	降低额	降低率%
甲	400	84	82	33 600	32 800	800	2.381 0
乙	200	760	750	152 000	150 000	2 000	1.315 8
合计				185 600	182 800	2 800	1.508 6

根据表6－3资料编制分析表,详见表6－4:

表6－4 可比产品成本降低计划完成情况分析表 单位:元

可比产品	总成本		计划降低指标	
	按上年实际平均单位成本计算	按本年计划单位成本计算	降低额	降低率%
甲	42 000	40 500	1 500	3.571 4
乙	228 000	228 900	-900	-0.394 7
合计	270 000	269 400	600	0.222 2

首先,应确定分析的对象,即以可比产品成本实际降低成本额、降低率指标与计划降低额、降低率指标进行对比,确定实际脱离计划的差异:

降低额＝600－2 800＝－2 200(元)

降低率＝0.222 2%－1.508 6%＝－1.286 4%

从以上计算中可看出,可比产品成本降低计划没有完成,实际比计划少降低2 200元,或1.286 4%。

其次,确定影响可比产品成本降低计划完成情况的因素和各因素的影响程度。概括有三个:

(1)产品产量。成本降低计划是根据计划产量制定的,本例中甲、乙产量分别是400件和200件,而实际降低额和降低率都是根据实际产量计算的。产量的增减,必然会影响可比产品成本降低计划的完成情况,但注意:假定其他条件不变,即产品品种构成和产品单位一成不变,单纯产量变动,只影响成本降低额,而不影响成本降低率。

(2)产品品种构成。由于各种产品的成本降低程度不同,因而当产品品种构成发生变动时,就会影响可比产品成本降低额和降低率升高和降低。在分析中之所以要单独计量产品品种构成变动影响,目的在于提示企业取得降低产品成本真实成果的具体途径,从而对企业工作作出正确评价。

(3)产品单位成本。本年度可比产品实际单位成本比计划单位成本降低或升高时,必然会引起成本降低额和降低率的变动。产品单位成本的降低意味着生产消耗的节约。因此,分析时应特别注意这一因素的变动影响。

(二)按成本项目反映的全部产品生产成本表的编制与分析

【例6－2】假定某企业某年12月份的全部产品生产成本(按成本项目反映)表,格式如表6－5所示。

此表分为生产费用和产品成本两部分。表内各项目的填列方法:

(1)本月实际数一栏,按成本项目反映的各种生产费用数,应根据各种产品成本明细账所记本月生产费用合计数,按成本项目分别汇总填列;

(2)本年累计实际数,应根据本月实际数,加上上月份本表的本年累计实际数计算填列。

表 6－5　产品生产成本表(按产品种类反映)

××公司　　　　2015 年 12 月　　　　单位:元

项　　目	本年计划数	本月实际数	本年累计实际数
原材料	132 061	9 490	136 770
工资及福利费	63 158	4 036	61 110
制造费用	91 871	6 623	93 120
生产费用合计	287 090	20 149	291 000
加:在产品、自制半成品期初余额	14 610	2 980	19 340
减:在产品、自制半成品期末余额	12 150	2 160	17 160
产品成本合计	289 550	20 969	293 180

(3)期初期末在产品、自制半成品余额,应根据各种产品成本明细账的在产品、自制半成品期初、期末余额,分别汇总填列;

(4)产品成本合计数,是以生产费用合计数加、减在产品、自制半成品期初、期末余额。

分析按成本项目反映的产品生产成本表,一般可采用比较分析法、构成比率分析法和相关指标比率分析法。

上例中按成本项目反映的全部产品生产成本表是 12 月份编制的,分析时可采用比较分析法。

(1)例表中产品成本合计数,本年累计实际数比本年计划数高 3 630 元(即 293 180－289 550)。由于成本超支的原因是多方面的,还应进一步结合有关的明细资料分析影响产品总成本变动的主要因素和主要原因,对产品总成本的升高是否合理作出评价。

(2)从生产费用合计数来看,本年累计实际数比本年计划数高 3 910 元(即 291 000－287 090),与上述总成本情况基本相同。当然,也有可能不一致,因为这其中尚有期初、期末在产品、自制半成品变动影响。

例表的成本项目费用,还可计算构成比率,并在本年累计实际数、本月实际数和本年计划数之间进行对比分析。各项指标计算如下:

(1)本年计划数构成比率:

$$原材料费用比率=132\ 061/287\ 090\times100\%=46\%$$

$$工资及福利费比率=63\ 158/287\ 090\times100\%=22\%$$

$$制造费用比率=91\ 871/287\ 090\times100\%=32\%$$

(2)本月实际数构成比率:

$$原材料费用比率=9\ 490/20\ 149\times100\%=47\%$$

$$工资及福利费比率=4\ 036/20\ 149\times100\%=20\%$$

$$制造费用比率=6\ 623/20\ 149\times100\%=33\%$$

(3)本月累计实际数构成比率：

原材料费用比率 = 136 770/291 000 × 100% = 47%

工资及福利费比率 = 61110/291 000 × 100% = 21%

制造费用比率 = 93 120/291 000 × 100% = 32%

从以上数据可看出：以本年累计实际数与本年计划数相比，生产费用中原材料费用比重有所上升，工资及福利费比重有所降低，而制造费用持平，以本年累计实际数与本年实际数相比，原材料费用比重持平，工资及福利费比重有所降低，而制造费用比重有所升高。通过指标对比，只能了解指标变动的一般情况，由于各项指标变动受多种因素影响，因此分析时还应结合调查了解的情况和明细核算资料进一步查明原因，以便对其变动的合理性做出判断。

分析时，还可将表中所列的产品成本合计数与其相关的商品产值、产品销售收入和利润总额指标相比，计算各种相关指标比率并进行分析，以计算和了解企业本年和12月份生产耗费的经济效益情况及其变动的趋势。

二、主要产品单位成本报表的编制与分析

主要产品单位成本表格式如表6－6所示：

表6－6　主要产品单位成本表

20××年12月

本月计划产量：

本月实际产量：

产品名称：　　　计量单位：件　　　本年累计计划产量：

产品规格：　　　销售单价：　　　本年累计实际产量：

成本项目		历史先进水平(年)	上年实际平均	本年计划	本月实际	本年累计实际平均
直接材料 燃料及动力 直接人工 制造费用						
产品单位成本						
主要技术经济指标	计量单位	耗用量	耗用量	耗用量	耗用量	耗用量
A材料 B材料	千克 千克					

此表可以分设产量、单位成本和主要技术经济指标三个部分。各项数字填列

方法如下：

（一）产量

本月及本年累计计划产量应根据生产计划填列；本月及本年累计实际产量应根据产品成本明细账或产成品成本汇总表填列表；销售单价应根据产品定价表填列。

（二）单位成本

历史先进水平，应根据历史上该种产品成本最低年度本表的实际平均单位成本填列；上年实际平均单位成本，应根据上年主要产品单位成本表累计实际平均单位成本核算填列；本年计划单位成本，应根据本年度成本计划填列；本月实际单位成本，应根据产品成本明细账或产成品成本汇总表填列；本年累计实际平均单位成本，应根据该种产品成本明细账所记自年初到报告期末完工入库产品实际总成本除以累计实际产量计算填列。

（三）主要技术经济指标

这是指该种产品主要原材料的耗用量，应根据业务技术核算资料填列。

分析主要依据主要产品单位成本表、成本计划和各项消耗定额资料，以及反映各项技术经济指标的业务技术资料等。分析的程序一般是先检查各种产品单位成本实际比计划、比上年实际、比历史最好水平的升降情况；然后，按成本项目分析其增减变动，查明造成单位成本升降的具体原因。为了在更大的范围内找差距、挖潜力，在可能的条件下，还可以组织厂际间同种类产品单位成本的对比分析。

三、制造费用明细表的编制与分析

制造费用明细表格式如表6－7所示：

表6－7　制造费用明细表

20××年12月

项　目	本年计划数	上年同期实际数	本月实际数	本年累计实际数
工资				
职工福利费				
折旧费				
修理费				
办公费				
取暖费				
水电费				
机物料消耗				
低值易耗品摊销				
劳动保护费				

续表

项　　目	本年计划数	上年同期实际数	本月实际数	本年累计实际数
租赁费				
运输费				
保险费				
设计制图费				
试验检验费				
在产品盘亏和毁损(减盘盈)				
其他				
制造费用合计				

制造费用明细表的编制方法：

(1)本年计划数，根据制造费用预算中的有关项目数据填列。

(2)上年同期实际数，根据上年本表的数据填列。如果表内所列费用项目和上年度的费用项目的名称或内容上不一致，应对上年的各项数据按照本年规定的项目进行调整。

(3)本月实际数，根据制造费用明细账中的本月发生数填列。

(4)本年累计实际数，填列自年初至编报月末止的累计实际数，根据制造费用明细账的记录计算填列，或根据本月实际数加上上期本表的本年累计实际数填列。

对制造费用明细表的分析主要采用对比分析法。这是通过实际数与基数的对比来揭示实际数与基数之间的差异，借以了解经济活动的成绩和问题的一种分析方法。

下篇　企业成本核算情境实训

第七章　情境一：小型简单步骤生产企业成本核算

小型简单步骤生产企业，根据企业生产工艺特点和管理要求，适用于品种法计算成本。该情境设计的会计期间是年度1月份，要素费用、综合费用以及生产费用的核算、成本报表的编制与分析等，都选择了成本核算的最基本方法，能够使学习者快速进入岗位角色。

任务一　企业成本核算环境认知

子任务1　了解企业基本情况。
子任务2　了解产品生产工艺流程。
子任务3　了解产品材料配件。
子任务4　了解企业成本核算规定。

一、企业概况

立诚电子器材厂是一家小型生产企业，属一般纳税人企业，该厂设有一个基本生产车间，另有运输和机修两个辅助生产车间。运输车间满足厂内各车间、部门对运输的需要；机修车间从事设备修理。

企业开户银行是中国工商银行肇庆市分行，账号：244－054026，纳税登记号：212504200133087。

企业设有销售部、工程部、采购部、生管部、生产部、品质部、管理部。

该企业大量生产、销售家用插座和墙壁开关两种产品。其生产工艺流程较简单，由生产车间注塑组注塑出开关和插座的注塑件，经检验合格后直接交装配组，装配组将注塑出的各种塑件及外购配件组装成家用插座和墙壁开关，再经检验，合格后即是成品。

二、企业成本核算相关规定

企业成本核算相关规定如下：

（1）该厂成本核算对象是插座和开关两个品种产品。厂部实行一级核算，产品成本项目分为：直接材料、直接人工和制造费用。

（2）生产工人工资实行计件工资制，且工资均作为间接费用，需按各产品生产工时比例分配计入直接人工成本项目。按照规定计提社会保险费、公积金。

（3）材料以实际成本计价。发出材料时按先进先出法计算其发出成本。产品共同发生的材料费用按产品产量进行分配。产品成本中气、电费用金额比较小，为简化核算,不单独设"燃料与动力"项目,结转的气、电费用计入"直接材料"成本项目。

(4)固定资产折旧采用平均年限法计提。

(5)辅助生产车间费用分配采用直接分配法。辅助生产车间发生的间接费用,为简化核算手续,不通过"制造费用"账户核算,直接计入"辅助生产成本"账户。

(6)制造费用按实际生产工时比例法进行分配。

(7)完工产品与月末在产品成本采用约当产量法分配。假定在产品完工程度为50%,所耗材料均为开工一次性投入。

(8)各项费用分配率均精确到0.000 1,尾差由最后的费用项目负担。

(9)按成本项目反映产品生产成本表。

(10)成本计算期:随会计周期,按月计算。

三、产品材料结构

详见表7-0-1和6-0-2:

表7-0-1 插座材料配件表

材料类别	材料编号	材料名称	计量单位
材料类别	材料编号	材料名称	计量单位
原材料及主要材料	100A1	PC料	千克
	100B1	色母V	千克
辅助材料	100C1	BP71助剂	千克
	100C2	润滑油	千克
	100C3	油漆	千克
外购件	300D1	弹铜片	个
	300D2	电源线	根
	300D3	弹簧	个
	300D4	拨杆	个
	300D5	包装箱	只
燃料	4.00E+03	柴油	千克

表7-0-2 开关材料配件表

材料类别	材料编号	材料名称	计量单位
原材料及主要材料	100A1	PC料	千克
	100B2	色母E	千克
辅助材料	100C1	BP71助剂	千克
	100C2	润滑油	千克
	100C3	油漆	千克
外购件	100D1	铜片	个
	400D2	线路板	块
	400D3	螺丝	个
	300D5	包装箱	只
燃料	4.00E+03	柴油	千克

四、2014 年末产品成本计算单

详见表 7－0－3 和表 7－0－4：

表 7－0－3　产品成本计算单

产品名称:插座　　2014 年 12 月 31 日　　计量单位:元

产品品种	直接材料	直接人工	制造费用	合　计
月初在产品成本	1 130.00	430.00	200.00	1 760.00
本月发生费用	9 853.00	4 429.70	2 294.98	16 577.68
费用合计	10 983.00	4 859.70	2 494.98	18 337.68
约当总产量	523.00	501.00	501.00	
单位成本	21.00	9.70	4.98	35.68
完工产成品成本	10 059.00	4 646.30	2 385.42	17 090.72
月末在产品成本	924.00	213.40	109.56	1 246.96

说明:完工产品 479 个,在产品 44 个,在产品完工程度 50%。

表 7－0－4　产品成本计算单

产品名称:开关　　2014 年 12 月 31 日　　计量单位:元

产品品种	直接材料	直接人工	制造费用	合　计
月初在产品成本	40 000.00	1 430.00	600.60	42 030.60
本月发生费用	67 424.00	21 809.40	11 551.30	100 784.70
费用合计	107 424.00	23 239.40	12 151.90	142 815.30
约当总产量	9 600.00	8 870.00	8 870.00	
单位成本	11.19	2.62	1.37	15.18
完工产成品成本	91 086.60	21 326.80	11 151.80	123 565.20
月末在产品成本	16 337.40	1 912.60	1 000.10	19 250.10

说明:完工产品 8 140 个,在产品 1 460 个,在产品完工程度 50%。

五、2015 年生产工时统计表

详见表 7－0－5：

表 7－0－5　生产工时统计表

2015 年 1 月 31 日　　单位:小时

产品名称	工 时
插座	1 014
开关	3 015

任务二　成本核算方法选择

详见表7－0－6：

表7－0－6

工艺过程	生产组织	成本计算期	成本管理要求	成本计算对象	成本计算方法

任务三　成本核算日常业务处理

子任务1　按产品品种设置基本生产成本明细账——插座和开关；设置辅助生产成本明细账运输车间和机修车间明细账；设置制造费用基本生产车间明细账。根据“产品成本计算单”，登记基本生产成本明细账期初余额。

子任务2　根据“领料单”表7－1－1至表7－1－14填制表7－1－15“车间材料领用明细表”。

子任务3　根据外购动力费用原始单据表7－2－1和表7－2－2，编制记账凭证；根据外购动力费用原始单据和各部门提供的劳务通知单表7－2－3、表7－2－4，按生产工时比例编制表7－2－5“外购电力分配表”，根据“外购电力分配表”填制记账凭证，据以登记相关明细账。

子任务4　根据表7－3－1“工资计算明细表”填制表7－3－2“工资结算单”。

子任务5　根据表7－4－1至表7－4－4，按平均分配方法填制表7－4－5“保险、报刊费用分配表”，编制记账凭证。

子任务6　根据表7－5－1到表7－5－3，编制记账凭证。

子任务7　按要求填制表7－6－1“固定资产折旧提取计算表”，根据“固定资产折旧提取计算表”填制记账凭证，据以登记相关明细账。

子任务8　根据相关凭证登记明细账。

六、2015年1月份日常成本核算业务

(1)材料领用业务单据，见表7－1－1至表7－1－15。

表7－1－1　立诚电子厂领料单

领料部门：基本生产车间　　　　2015年1月2日

材料编号	材料名称	计量单位	数量	单价(元)	金额(元)	用途
100A1	PC料	千克	400	50.00	20 000.00	生产产品

供应单位：　　　　保管员：李运　　　　领料人：张红

表 7-1-2 立诚电子厂领料单

领料部门:基本生产车间 2015 年 1 月 3 日 仓库:

材料编号	材料名称	计量单位	数量	单价(元)	金额(元)	用途
100C1	BP7 助剂	千克	48	80.00	3 840.00	插座负担 1/3
						开关负担 2/3

供应单位: 保管员:李运 领料人:李杰

表 7-1-3 立诚电子厂领料单

领料部门:基本生产车间 2015 年 1 月 4 日 仓库:

材料编号	材料名称	计量单位	数量	单价(元)	金额(元)	用途
100B1	色母 V	千克	20	30.00	600.00	插座

供应单位: 保管员:李运 领料人:李杰

表 7-1-4 立诚电子厂领料单

领料部门:基本生产车间 2015 年 1 月 5 日 仓库:

材料编号	材料名称	计量单位	数量	单价(元)	金额(元)	用途
100B2	色母 E	千克	28	30.00	840.00	开关

供应单位: 保管员:李运 领料人:李杰

表 7-1-5 立诚电子厂领料单

领料部门:基本生产车间 2015 年 1 月 7 日 仓库:

材料编号	材料名称	计量单位	数量	单价(元)	金额(元)	用途
100C2	润滑油	千克	20	52.00	1 040.00	一般消耗

供应单位: 保管员:李运 领料人:李杰

表 7-1-6 立诚电子厂领料单

领料部门:运输车间 2015 年 1 月 11 日 仓库:

材料编号	材料名称	计量单位	数量	单价(元)	金额(元)	用途
100C1	油漆	千克	10	38.00	380.00	
400E1	柴油	千克	250	4.5	1 125.00	

供应单位: 保管员:李运 领料人:李杰

表 7－1－7　立诚电子厂领料单

领料部门:基本生产车间　　　　2015 年 1 月 13 日　　　　仓库:

材料编号	材料名称	计量单位	数量	单价(元)	金额(元)	用途
300D5	包装箱	只	68	25.00	1 700.00	插座
300D5	包装箱	只	95	25.00	2 375.00	开关

供应单位:　　　　保管员:李运　　　　领料人:李杰

表 7－1－8　立诚电子厂领料单

领料部门:机修车间　　　　2015 年 1 月 14 日　　　　仓库:

材料编号	材料名称	计量单位	数量	单价(元)	金额(元)	用途
100C3	油漆	千克	152	38.00	5 776.00	
100C2	润滑油	千克	130	48.00	6 240.00	

供应单位:　　　　保管员:李运　　　　领料人:李杰

表 7－1－9　立诚电子厂领料单

领料部门:基本生产车间　　　　2015 年 1 月 15 日　　　　仓库:

材料编号	材料名称	计量单位	数量	单价(元)	金额(元)	用途
100A1	PC 料	千克	50	50.00	2 500.00	生产产品

供应单位:　　　　保管员:李运　　　　领料人:张伟

表 7－1－10　立诚电子厂领料单

领料部门:基本生产车间　　　　2015 年 1 月 18 日　　　　仓库:

材料编号	材料名称	计量单位	数量	单价(元)	金额(元)	用途
300D1	弹铜片	个	6 000	0.40	2 400.00	插座
100D1	铜片	个	20 000	0.40	8 000.00	开关

供应单位:　　　　保管员:李运　　　　领料人:李杰

表 7－1－11　立诚电子厂领料单

领料部门:厂部　　　　2015 年 1 月 19 日　　　　仓库:

材料编号	材料名称	计量单位	数量	单价(元)	金额(元)	用途
100C3	油漆	千克	11	38.00	418.00	

供应单位:　　　　保管员:李运　　　　领料人:李杰

表 7－1－12　立诚电子厂领料单

领料部门：基本生产车间　　　2015 年 1 月 20 日　　　仓库：

材料编号	材料名称	计量单位	数量	单价（元）	金额（元）	用途
300D3	弹簧	个	2 000	0.40	800.00	插座
300D2	拨杆	个	2 000	0.40	800.00	插座
400D3	螺丝	个	6 000	0.1	600.00	开关

供应单位：　　　保管员：李运　　　领料人：李杰

表 7－1－13　立诚电子厂领料单

领料部门：基本生产车间　　　2015 年 1 月 25 日　　　仓库：

材料编号	材料名称	计量单位	数量	单价（元）	金额（元）	用途
300D1	弹铜片	个	6 000	0.40	2 400.00	插座
100D1	铜片	个	10 000	0.40	4 000.00	开关

供应单位：　　　保管员：李运　　　领料人：李杰

表 7－1－14　立诚电子厂领料单

领料部门：基本生产车间　　　2015 年 1 月 25 日　　　仓库：

材料编号	材料名称	计量单位	数量	单价（元）	金额（元）	用途
300D2	电源线	根	1 000	2.40	2 400.00	插座
400D2	线路板	块	10 000	5.40	54 000.00	开关

供应单位：　　　保管员：李运　　　领料人：李杰

表 7－1－15　车间材料领用明细表

2015 年 1 月

时间	材料名称	单位	领用量	单价	金额	用途	领用车间

（共 22 行）

(2)外购动力费用业务单据,见表7-2-1至表7-2-5。

表7-2-1 劳务委托银行收款结算凭证(支款通知) 5

委托日期:2015年1月12日

付款单位	全称	立诚电子厂			收款单位	全称	肇安市电力公司					
	账号或地址	234-054026				账号	234-042317					
	开户银行	工行肇安市分行	行号	21437		开户银行	工行肇安市分行					
委收金额	人民币		百	十	万	千	百	十	元	角	分	
	大写:肆万肆仟壹佰捌拾伍元叁角捌分			¥	4	4	1	8	5	3	8	
款项内容	电费	委托收款凭据名称			附寄单证张数							
备注	付款人注意: 1. 根据结算方式规定,上列委托收款,如在付款期限内未拒付时,即视同全部同意付款,以此联代付款通知。 2. 如需提前付款或多付款时,应另写书面通知送银行办理。 3. 如系全部或部分拒付,应在付款期限内另填拒绝付款理由书送银行办理。											

单位主管:　　会计:　　复核:　　记账:　　付款单位开户银行盖章　月　日

表7-2-2 ××省增值税专用发票

开票日期:2015年1月12日　　肇税(93)第1版(6)

购货单位	名称	立诚电子厂		纳税人登记号	2	1	0	5	0	1	2	0	0	1	3	3	0	8	7				
	地址电话			开户银行及账号	工行肇安市分行234-0540026																		
货物或应税劳务名称	规格型号	计量单位	数量	单价	金额									税率%	税额								
					百	十	万	千	百	十	元	角	分		百	十	万	千	百	十	元	角	分
2015年1月水费							3	7	7	6	5	2	8	17				6	4	2	0	1	0
合计																							
价税合计	×百×拾肆万肆仟壹佰捌拾伍元叁角捌分																	¥44 185.38					
备注																							
销货单位	名称	肇安市电力公司		税务登记号	2	1	0	5	0	1	2	0	0	1	3	3	0	8	7				
	地址、电话			开户银行及账户	工行肇安市分行234-042317																		

销货单位(章):　　收款人:张玲　　复核:　　开票人:

表 7-2-3　劳务供应通知单

动力用电　　2015 年 1 月

费用额	单位	基本生产车间		工时合计
		插座	开关	
25 176.85	生产工时	1 014	3 015	4 029

表 7-2-4　劳务供应通知单

2015 年 1 月

费用额	单位	各受益对象耗用量						
		运输车间	机修车间	基本车间	管理部门	销售部门	工程部门	合计
12 588.43	度	1 360	2 520	1 460	2 427	980	3 750	12 497

表 7-2-5　外购电力分配表

2015 年 1 月

部　门		成本或费用项目	动力费用分配			电费分配		
			生产工时	分配率	金额	用电度数	单价	金额
基本车间	插座	直接材料						
	开关	直接材料						
	小计							
运输车间		电费						
机修车间		电费						
基本车间		电费						
管理部门		电费						
销售部门		电费						
工程部门		电费						
合　计								

(3)职工薪酬业务单据,见表 7-3-1 至表 7-3-2。

表 7-3-1　基本生产车间工资计算明细表

2015 年 1 月　　单位:元

编号	姓名	工序	单位计件工资	工作量	计件工资	奖金	津贴补贴	病事假扣款	应付工资
001	张湖	注塑	0.05	25 000	1 250.00	150.00	30.00		1 430.00
002	李钢	注塑	0.05	25 000	1 250.00	150.00	30.00		1 430.00

续表

编号	姓名	工序	单位计件工资	工作量	计件工资	奖金	津贴补贴	病事假扣款	应付工资
003	冯君	注塑	0.05	25 000	1 250.00	150.00	30.00		1 430.00
004	周良	注塑	0.05	15 000	750.00	150.00	30.00		930.00
005	李勇	注塑	0.05	15 000	750.00	150.00	30.00		930.00
006	王攻	注塑	0.05	15 000	750.00	150.00	30.00		930.00
007	陈峰	组装	0.07	20 000	1 400.00	150.00	30.00		1 580.00
008	田锅	组装	0.07	21 000	1 470.00	150.00	30.00		1 650.00
009	李超	组装	0.07	20 000	1 400.00	150.00	30.00		1 580.00
010	张飞	组装	0.09	21 000	1 890.00	150.00	30.00		2 070.00
011	吴建	组装	0.09	23 000	2 070.00	150.00	30.00		2 250.00
012	张红	组装	0.09	23 000	2 070.00	150.00	30.00		2 250.00
013	李峰	检验	0.09	21 000	1 890.00	150.00	30.00		2 070.00
014	金鑫	检验	0.09	23 000	2 070.00	150.00	30.00		2 250.00
015	赵军	检验	0.09	23 000	2 070.00	150.00	30.00		2 250.00
合计					22 330.00	2 250.00	450.00		25 030.00

表 7-3-2 工资结算单

部门:基本生产车间　　2015 年 1 月　　单位:元

编号	姓名	单位计件工资	工作量	应付工资					代扣款项			实发工资	签名
				基本工资	奖金	津贴补贴	病事假扣款	小计	个人负担社会保险费	住房公积金(应付工资的10%)	小计		
001	张湖								157.30				
002	李钢								157.30				
003	冯君								157.30				
004	周良								102.30				
005	李勇								102.30				
006	王攻								102.30				
007	陈峰								173.80				
008	田锅								181.50				
009	李超								173.80				
010	张飞								227.70				

续表

编号	姓名	单位计件工资	工作量	应付工资					代扣款项			实发工资	签名
				基本工资	奖金	津贴补贴	病事假扣款	小计	个人负担社会保险费	住房公积金(应付工资的10%)	小计		
011	吴建								247.50				
012	张红								247.50				
013	李峰								227.70				
014	金鑫								247.50				
015	赵军								247.50				
合　计									2753.3				

(4)交纳财产保险费和报纸杂志费按受益部门均摊,见表7-4-1至表7-4-5。

表7-4-1

中国工商银行
转账支票存根
No. 338555891
科　　目＿＿＿＿＿＿
对方科目＿＿＿＿＿＿
出票日期　2015年1月13日
收款人:保险公司
金　额:¥3 000.00
用　途:支付财产保险费
单位主管:　　会计:

表7-4-2

中国工商银行
转账支票存根
No. 338555892
科　　目＿＿＿＿＿＿
对方科目＿＿＿＿＿＿
出票日期　2015年1月13日
收款人:邮局
金　额:840.00
用　途:支付报纸杂志费
单位主管:　　会计:

表7－4－3　中国人民保险公司收据

2015年1月13日　　NO 072101

兹收到：肇安市立诚电子厂

金额：人民币叁仟元整　　¥3 000.00

系：财产保险金　　（保单号见附表）

收款单位盖章　　收款人

表7－4－4　肇安市邮政业专用发票

发票联　发票代码244120840044

发票号码00027222

顾客名称：立诚电子器材厂　　2015年1月13日填发

品　名 规　格	单位	数量	单价	超过仟元无效	金额（元）					备注
					百	十	元	角	分	
报刊费					8	4	0	0	0	
合计人民币（大写）	捌佰肆拾零元零角零分			小写	8	4	0	0	0	

第二联发票联顾客报销凭证

开票人：　　收款人：　　收款单位（盖章）

表7－4－5　保险、报刊费用分配表

2015年1月　　单位：元

项目部门	财产保险费	报纸杂志费	合计
基本生产车间			
运输车间			
机修车间			
管理部门			
销售部门			
工程部门			
合计			

（5）厂部采购办公用品，全厂统一分配，见表7－5－1至表7－5－3。

表7－5－1

中国工商银行
转账支票存根
No. 337755891
科　　目
对方科目
出票日期　2015年1月25日
收款人：文具商店
金　额：530.00
用　途：支付办公用品
单位主管：会计：

表7－5－2 商品销售统一发票

发票联

发票代码1440012333

发票号码1816144

顾客名称：立诚电子器材厂　　　　2015年1月25日填发

品名规格	单位	数量	单价	超过仟元无效	金额（元）百	十	元	角	分	备注
纸张	令	1	450		4	5	0	0	0	
墨水	瓶	20	4			8	0	0	0	
合计人民币（大写）	伍佰叁拾零元零角零分			小写	5	3	0	0	0	

第二联 发票联顾客报销凭证

开票人：　　收款人：　　收款单位（盖章）

表7－5－3　办公用品分配表

2015年1月　　　　单位：元

部　门	用品名称	金　额	领取人
基本生产车间	纸张、墨水	60.00	张伟
运输车间	纸张、墨水	80.00	李刚
机修车间	纸张、墨水	90.00	张红
管理部门	纸张、墨水	50.00	梁浩
销售部门	纸张、墨水	50.00	孙涛
工程部门	纸张、墨水	200.00	李杰
合　计		530.00	

(6)固定资产折旧提取计算表,见表7-6-1。

表7-6-1　固定资产折旧提取计算表

2015年1月　　　　单位:元

类别＼部门＼项目		月初应计折旧固定资产原值	折　旧	
			月折旧率	折旧额
基本车间	房屋及建筑物	235 000.00	0.3%	
	机器设备	560 000.00	0.5%	
	小计	795 000.00		
运输车间	房屋及建筑物	152 100.00	0.3%	
	机器设备	361 700.00	0.5%	
	小计	513 800.00		
机修车间	房屋及建筑物	142 200.00	0.3%	
	机器设备	161 160.00	0.5%	
	小计	303 360.00		
管理部门	房屋及建筑物	627 100.00	0.3%	
	机器设备	145 200.00	0.7%	
	小计	772 300.00		
合　计		2 384 460.00		

会计主管:　　复核:　　记账:　　制单:

任务四　成本核算期末工作结转

子任务1　计算产品及部门耗用原材料费用金额。根据表7-1-15“车间材料领用明细表”,加计汇总记入表7-7-2“发出材料汇总表”各材料类别栏中。基本生产车间间接材料——PC料费用按产品生产产量进行分配,已知本月生产插座1 000个,开关10 000个,编制表7-7-1“原材料费用分配表”,并记入表7-7-2各种产品所耗原材料费用相应类别栏中,再加计汇总。根据表7-7-2“发出材料汇总表”编制记账凭证,登记开设的各有关明细账。

子任务2　根据表7-3-2“工资结算单”,编制表7-8-1“工资结算汇总表”、表7-8-2“工资费用分配表”、表7-8-3“附加费用计提表”,工资均作为间接费用,需按产品生产工时比例分配计入直接人工成本项目,编制记账凭证,登记开设的各有关明细账。

子任务3　根据前面实训资料,确定各辅助生产车间直接费用数额,按直接分配法编制表7-9-3“辅助生产费用分配表”,根据“辅助生产费用分配表”填制记账凭证,据以登记有关明细账,结转辅助生产明细账。

子任务4　根据前面实训资料,确定基本生产车间制造费用明细账各费用项目本月发生额,确定制造费用的分配数额,按生产人工工时比例编制表7－10－1"制造费用分配表",根据"制造费用分配表"填制记账凭证,据以登记有关明细账,结转制造费用明细账。

子任务5　根据基本生产车间插座和开关两种产品的本月发生额,编制表7－11－1和表7－11－2"完工产品与在产品成本计算单",计算出完工产品和在产品成本,已知本月完工插座800个,开关8 500个,根据"完工产品与在产品成本计算单",编制记账凭证,登记生产成本明细账,并进行结转。

七、2015年1月份期末成本分配结转业务

(1)原材料费用的归集与分配,见表7－7－1至表7－7－2。

表7－7－1　原材料费用分配表

基本生产车间　　　　2015年1月　　　　单位:元

产品品名	材料类别	材料名称	产品产量(个)	共同耗用材料费用总额	
				分配率	应用分配材料费用
插座					
开关					
合　计					

表7－7－2　发出材料汇总表

单位:立诚电子厂　　　　2015年1月　　　　单位:元

领料部门		原材料及主要材料	辅助材料	外购件	燃料	合　计
基本生产车间	插座					
	开关					
运输车间						
机修车间						
基本生产车间						
管理部门						
合　计						

会计主管:　　　复核:　　　记账:　　　制单:

(2)职工薪酬的归集与分配,见表7－8－1至表7－8－3。

表 7－8－1　工资结算汇总表

立诚电子器材厂　　2015 年 1 月　　单位:元

部门人员		职工人数	基础工资	奖金	津贴补贴	应扣工资		应付工资	代扣款项			实发工资
						病假	事假		个人负担社会保险费(11%)	住房公积金(10%)	小计	
基本生产车间	生产工人											
	管理人员	3	4 470	450	90							
运输车间		12	14 400	1 800	360							
机修车间		10	12 000	1500	300							
工程人员		6	15 000	900	180							
管理人员		8	12 000	1 200	240							
销售人员		6	15 000	1 800	180							
合　计												

表 7-8-2　工资费用分配表

2015 年 1 月

单位：元

部门人员		应付工资			
		直接计入	分配计入		
			生产工时	分配率	金额
基本生产车间	插座				
	开关				
	小计				
运输车间					
机修车间					
基本生产车间					
工程人员					
管理人员					
销售人员					
合　计					

表 7－8－3　附加费用计提表

2015 年 1 月

单位:元

部门人员		应付工资	应付福利费 14%	工会经费 2%	教育经费 2.5%	合　　计
基本生产车间	插座					
	开关					
	小计					
运输车间						
机修车间						
基本生产车间						
工程人员						
管理人员						
销售人员						
合　　计						

(3)辅助生产费用的归集与分配,见表7-9-1至表7-9-3。

表7-9-1 劳务供应通知单

辅助车间:机修车间 2015年1月

劳务种类	单位	各受益对象耗用量					
		机修车间	运输部门	基本生产车间	销售部门	管理部门	合计
机修	工时		948	3 200	645	1 250	6 043

表7-9-2 劳务供应通知单

辅助车间:运输车间 2015年1月

劳务种类	单位	各受益对象耗用量					
		机修车间	运输部门	基本生产车间	销售部门	管理部门	合计
运输	公里	3 115		4 800	32 475	56 900	97 290

表7-9-3 辅助生产费用分配表(直接分配法)

2015年1月

辅助生产车间	应分配费用	分配数量	分配率	分配额					
				基本生产车间		销售部门		管理部门	
				数量	金额	数量	金额	数量	金额
机修									
运输									
合计									

(4)制造费用的归集与分配,见表7-10-1。

表7-10-1 制造费用分配表

组装车间 2015年1月

项目 / 成本计算对象	生产人工工时	分配率	分配金额
插座			
开关			
合计			

(5)核算生产费用,见表7-11-1和表7-11-2。

表 7－11－1　完工产品与在产品成本计算单

产品名称:插座　　　　2015 年 1 月

成本项目	生产费用合计	生产量					单位产品成本	在产品成本	完工产品成本
		完工产品数量	在产品			合计			
			数量	完工程度	约当产量				
直接材料									
直接人工									
制造费用									
合　　计									

表 7－11－2　完工产品与在产品成本计算单

产品名称:开关　　　　2015 年 1 月

成本项目	生产费用合计	生产量					单位产品成本	在产品成本	完工产品成本
		完工产品数量	在产品			合计			
			数量	完工程度	约当产量				
直接材料									
直接人工									
制造费用									
合　　计									

任务五　成本报表的编制与分析

子任务 1　按成本项目编制表 7－12－1“产品生产成本报表”。

子任务 2　成本报表的基本分析方法。

八、成本报表编制与分析

表 7－12－1　产品生产成本表(按成本项目反映)

编制单位:　　　　2015 年 1 月　　　　单位:元

项　　目	本年计划	本月实际	本年累计实际
生产费用:			
直接材料成本	1 806 282.10		
直接人工成本	417 600.40		
制造费用	21 804.12		

续表

项　　目	本年计划	本月实际	本年累计实际
生产费用合计	2 245 686.62		
加:在产品、自制半成品期初余额	245 964.72		
减:在产品、自制半成品期末余额	610 355.40		
产品成本合计	1 881 295.94		

分析按成本项目反映的产品生产成本表,一般可采用比较分析法、构成比率分析法和相关指标比率分析法。因为在这个案例中本年累计实际数是当年第一个月的累计数,与本年计划数不具有可比性,所以分析时可选择构成比率分析法。请读者自行计算下列比率。

(1)本年计划数构成比率:

原材料费用比率=?

工资及福利费比率=?

制造费用比率=?

(2)本月实际(累计)数构成比率:

原材料费用比率=?

工资及福利费比率=?

制造费用比率=?

第八章　情境二:订单式生产企业成本核算

情境二的学习是建立在情境一学习的基础上,在核算内容和方法上增加难度,本案例中的企业是订单式生产企业,适合分批法。会计期间选择在年度的6月份,重点学习这个月份各种要素费用、综合费用和生产费用的核算方法。

任务一　企业成本核算环境认知

子任务1　了解企业基本情况。
子任务2　了解产品生产工艺流程。
子任务3　了解企业成本核算规定。

一、企业简介

企业简介如下:
(1)企业名称:肇庆时代服装厂
(2)地址:肇庆市端州区星湖大道20号
(3)法定代表人:曾明
(5)注册资本:200万元人民币
(6)联系电话:0758－2786888
(7)纳税人登记号:220105926795326
(8)开户银行及账号:(基本户)工商银行端州支行0032－6120－0408
(9)企业类型:有限责任公司
(10)经营范围:女长袖衬衫和女短袖衬衫

二、生产工艺流程

肇庆时代服装厂是一家从事小批量订单加工的外贸出口服装企业,管理上不要求分步骤计算产品成本。该企业设有三个流水线车间:裁剪车间、缝制车间和整理车间。裁剪车间的生产任务是将布料按照服装样板进行裁剪,然后将裁剪好的布料送到缝制车间进行进一步加工;缝制车间的生产任务是将裁剪好的布料进行缝制,在缝制过程中添加一些辅助材料,将布料做成成衣,然后将成衣送到整理车间进行整理;整理车间的生产任务是对成衣进行整理、熨烫、定型、包装等工序处理,经检验合格后形成产成品。该企业生产工艺流程如图8－0－1所示。

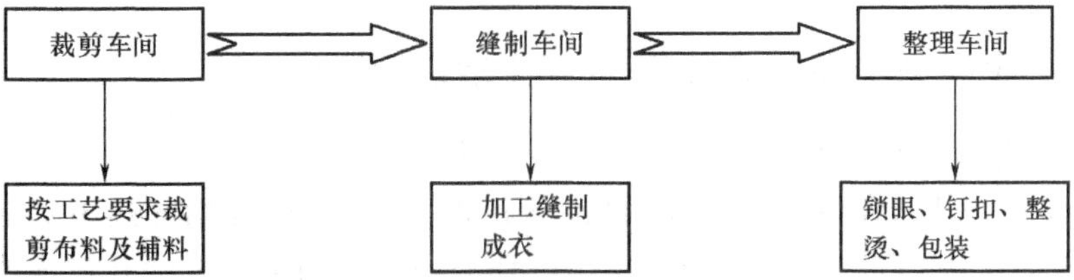

图 8-0-1

三、生产部门设置情况

该厂生产部门设有三个基本车间和两个辅助生产车间。三个基本生产车间是:裁剪车间、缝制车间和整理车间,两个辅助生产车间是机修车间和供电车间(见图 8-0-2)。

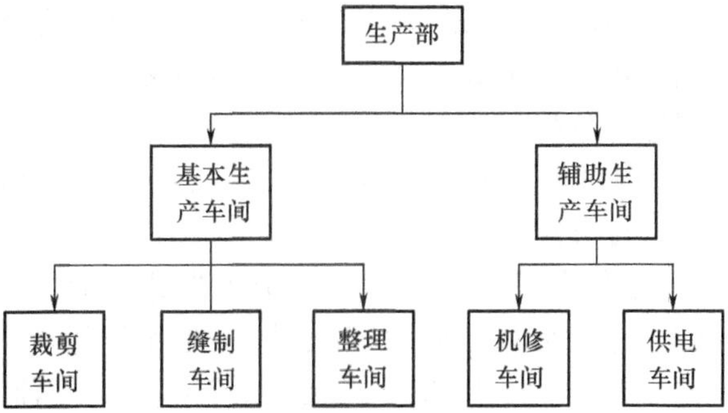

图 8-0-2

四、产品材料结构

详见表 8-0-1。

表 8-0-1 材料配件表

材料类别	材料编号	材料名称	计量单位	备注
原料及主要材料	A001	针织棉面料	米	生产针织棉女长袖衬衫
	A002	梭织棉面料	米	生产梭织棉女短袖衬衫
	A003	桑蚕丝面料	米	生产桑蚕丝女长袖衬衫
辅助材料	B001	衬布	米	
	B002	402 线	轴	
	B003	钮扣	盒	
包装材料	D001	纸板	盒	
	D002	包装袋	包	

五、企业产品制造成本核算的有关规定及说明

企业产品制造成本核算的有关规定及说明如下：

(1)该厂成本计算采用分批法，产品投产前，根据生产计划部门下达的生产任务通知单来组织生产。财会部门根据生产任务通知单的生产批号开设成本计算单(基本生产成本明细账)，归集各批号所发生的各项生产费用，集中计算各批产品成本。成本项目设有“直接材料”、“直接人工”、“制造费用”三个项目。其中“直接材料”项目包括原材料、包装物等。

(2)原材料中原料及辅料的日常收发采用实际成本计价核算，发出时的计价采用全月一次加权平均法；间接材料费用按各批号生产产量比例进行分配。

(3)“直接人工”、“制造费用”是根据工资结算凭证和制造费用明细账月终汇总资料编制分配表记入各批完工成本计算单。这两项费用都是采用生产工时分配法在各批次产品之间进行分配。

(4)本厂机修车间和供电车间为辅助生产车间，机修车间和供电车间的生产费用采用交互分配法进行分配。

(5)基本生产车间发生各项间接费用，记入“制造费用”账户，并按各产品产品生产工时比例进行分配，明细账按费用项目分设专栏。辅助生产车间不设制造费用一级账户，发生的相关耗费，全部记入“辅助生产成本”账户中。

(6)月末，完工产品和月末在产品之间的按照定额比例法进行分配。各产品的定额费用和定额工时见表8－0－2。

表8－0－2　产品的定额费用和定额工时统计表

2015年6月　　　　单位：元

产品名称		原材料	人　工
针织棉女长袖衬衫	每件完工产品定额	30	5
	每件在产品定额	28	3
梭织棉女短袖衬衫	每件完工产品定额	30	4
	每件在产品定额	28.50	2.40
桑蚕丝女长袖衬衫	每件完工产品定额	50	5
	每件在产品定额	48	3

六、2015年6月初在产品成本资料

详见表8－0－3：

表 8－0－3　产品成本计算单

2015 年 6 月 1 日　　　　生产数量：720

产品批号：1001　　　　投产日期：5 月

产品名称：针织棉女长袖衬衫　　　　完工日期：6 月

成本项目		直接材料	直接人工	制造费用	合　计
本月生产费用		19 836.00	21 600.00	17 280.00	58 716.00
生产费用合计		19 836.00	21 600.00	17 280.00	58 716.00
费用分配率		0.95	7.50	6.00	
完工 360 件产品成本	定额	10 800.00	1 800(小时)		
	实际	10 260.00	13 500.00	10 800.00	34 560.00
月末在产品成本	定额	10 080.00	1 080(小时)		
	实际	9 576.00	8 100.00	6 480.00	24 156.00

七、2015 年 6 月份生产资料

详见表 8－0－4 和表 8－0－5：

表 8－0－4　6 月份各批号生产情况

2015 年 6 月 30 日

批号	产品名称	投产日期	生产批量(件)	上月完工(件)	本月完工(件)
1001	针织棉女长袖衬衫	5 月 1 日	720	360	360
1002	梭织棉女短袖衬衫	6 月 1 日	480	—	480
1003	桑蚕丝女长袖衬衫	6 月 2 日	450	—	200

表 8－0－5　6 月份各生产批号生产工时统计表

2015 年 6 月 30 日　　　　单位：小时

批号		工 时
1001		540
1002		1 680
1003	完工产品	900
	在产品	875

任务二　成本核算方法选择

详见表 8－0－6：

表 8－0－6

工艺过程	生产组织	成本计算期	成本管理要求	成本计算对象	成本计算方法

任务三　成本核算日常业务处理

子任务1　按产品批次开设产品成本明细账，登记期初余额；设置辅助生产成本明细账——机修车间和供电车间；设置制造费用基本生产车间明细账。

子任务2　根据“领料单”表8－1－1至表8－1－10填制表8－1－11“材料领用明细表”。

子任务3　计算本月表8－2－1“各生产车间基本工资统计表”。

子任务4　计算生产车间张闪出差培训费，见原始单据表8－3－1至表8－3－2，编制记账凭证。

子任务5　根据交纳财保费用原始单据表8－4－1至表8－4－2，填制表8－4－3“保险费用分配表”，编制记账凭证。

子任务6　根据外购办公用品原始单据表8－5－1和表8－5－2，填制表8－5－3“办公用品分配表”，编制记账凭证。

子任务7　根据水费原始单据表8－6－1至表8－6－3，填制表“水费分配表”表8－6－4，编制记账凭证。

子任务8　按要求填制表8－7－1“固定资产折旧提取计算表”，根据“固定资产折旧提取计算表”填制记账凭证。

子任务9　根据相关凭证登记明细账。

八、2011年1月份日常成本核算业务

（1）材料领用业务单据，见表8－1－1至表8－1－10。

表8－1－1　肇庆时代服装厂领料单

领料部门：裁剪车间　　　　2015年6月1日　　　　仓库：

材料编号	材料名称	计量单位	数量	单价（元）	金额（元）	用途
A001	梭织棉面料	米	960	14.25	13 680.00	生产1002批号产品

供应单位：　　　　保管员：李红　　　　领料人：杨梅

表8－1－2　肇庆时代服装厂领料单

领料部门：裁剪车间　　　　2015年6月2日　　　　仓库：

材料编号	材料名称	计量单位	数量	单价（元）	金额（元）	用途
A002	桑蚕丝面料	米	900	24.25	21 825.00	生产1003批号产品

续表

材料编号	材料名称	计量单位	数量	单价(元)	金额(元)	用途

供应单位：　　　　保管员：李红　　　　领料人：杨梅

表 8-1-3　肇庆时代服装厂领料单

领料部门：裁剪车间　　　　2015 年 6 月 2 日　　　　仓库：

材料编号	材料名称	计量单位	数量	单价(元)	金额(元)	用途
B001	衬布	米	465	0.60	279.00	生产 1002、1003 批号产品

供应单位：　　　　保管员：李红　　　　领料人：杨梅

表 8-1-4　肇庆时代服装厂领料单

领料部门：缝制车间　　　　2015 年 6 月 5 日　　　　仓库：

材料编号	材料名称	计量单位	数量	单价(元)	金额(元)	用途
C001	402 线	轴	35	3.00	105.00	生产 1001、1002、1003 批号产品

供应单位：　　　　保管员：李红　　　　领料人：李刚

表 8-1-5　肇庆时代服装厂领料单

领料部门：整理车间　　　　2015 年 6 月 1 日　　　　仓库：

材料编号	材料名称	计量单位	数量	单价(元)	金额(元)	用途
D001	纽扣	盒	18	43.00	774.00	生产 1001、1002、1003 批号产品
C001	402 线	轴	8	3.00	24.00	生产 1001、1002、1003 批号产品

供应单位：　　　　保管员：李红　　　　领料人：张力

表 8-1-6 肇庆时代服装厂领料单

领料部门:整理车间　　2015 年 6 月 2 日　　仓库:

材料编号	材料名称	计量单位	数量	单价(元)	金额(元)	用途
E001	纸板	盒	43	6.00	258.00	生产 1001、1002、1003 批号产品
F001	包装袋	包	43	9.00	387.00	生产 1001、1002、1003 批号产品

供应单位:　　保管员:李红　　领料人:张力

表 8-1-7 肇庆时代服装厂领料单

领料部门:销售部门　　2015 年 6 月 15 日　　仓库:

材料编号	材料名称	计量单位	数量	单价(元)	金额(元)	用途
F001	包装袋	包	5	9.00	45.00	
E001	纸板	盒	5	6.00	30.00	

供应单位:　　保管员:李红　　领料人:杨炎

表 8-1-8 肇庆时代服装厂领料单

领料部门:机修车间　　2015 年 6 月 15 日　　仓库:

材料编号	材料名称	计量单位	数量	单价(元)	金额(元)	用途
E001	纸板	盒	5	6.00	30.00	
B001	衬布	米	60	0.60	36.00	

供应单位:　　保管员:李红　　领料人:曾晓

表 8-1-9 肇庆时代服装厂领料单

领料部门:厂部　　2015 年 6 月 23 日　　仓库:

材料编号	材料名称	计量单位	数量	单价(元)	金额(元)	用途
F001	包装袋	包	5	9.00	45.00	

供应单位:　　保管员:李红　　领料人:张虹

表 8 -1 -10　肇庆时代服装厂领料单

领料部门：供电车间　　2015 年 6 月 26 日　　仓库：

材料编号	材料名称	计量单位	数量	单价(元)	金额(元)	用途
F001	包装袋	包	5	9.00	45.00	

供应单位：　　保管员：李红　　领料人：曾晓

表 8 -1 -11　车间材料领用明细表

2015 年 6 月

材料名称	单位	领用量	单价	金额	用途	领用车间

(2)职工薪酬业务单据，见表 8 -2 -1。

表 8-2-1　各生产车间基本工资统计表

2015 年 6 月

部门 / 工资等级	裁剪车间				缝制车间				整理车间			
	职工人数	小时工资率	实际工作小时数	基本工资	职工人数	小时工资率	实际工作小时数	基本工资	职工人数	小时工资率	实际工作小时数	基本工资
一级	2	7	400		4	6	820					
二级	4	6	760		4	5	800		3	5	690	
三级	2	5	340		1	4	185					
合计	8	—	1 500		9	—	1 805		3	—	690	

（3）生产车间张闪出差去北京参加服装质量管理培训费用，见表 8－3－1 至表 8－3－2。

表 8－3－1　差旅费报销单

部门：生产车间　　　　　　2015 年 6 月 12 日

姓名	张闪					出差事由		质量培训			出差自 2015 年 6 月 8 日 至 2015 年 6 月 11 日				共 4 天	
起讫时间及地点						车船票		夜间乘车补助费			出差补贴			住宿费	其他	
月	日	起	月	日	讫	类别	金额	时间	标准	金额	日数	标准	金额	金额	摘要	金额
6	8	肇庆	6	11	北京	火车	340.00				4	50.00	200.00	360.00	培训	800.00
6	8	北京	6	11	肇庆	火车	340.00									
小计							680.00						200.00	360.00		800.00
合计金额（大写）：贰仟零佰肆拾元整																
备注：预借 2 000.00　报销 2 040.00 超支 40 元附单 4 张（略）																
单位领导：张明　财务主管：王波　审核：杨平　填报人：朱卫																

表 8－3－2

北京市服务业、娱乐业、文化体育业专用发票（卷票）	
发票联	此发票系北京市地方税务局批准印制
INVOICE	
发票代码　21000870010	
发票号码 13911377	
密码 11111	
机打号码：　13911377	
机器编号：7010040163	
收款单位：　北京新服饰教育集团	
税号：110108987860532	
开票日期：2015－6－11 收款人：任华	
付款单位（个人）：肇庆时代服装厂	
项目　单价　数量　金额	
培训费　800.00　1　800.00	
小写合计：　￥800.00	
大写合计：　人民币捌佰元整	
税控码：1289 9009 2887 12229 2879	
收款单位：（盖章有效）	

(4)交纳财产保险费按受益部门均摊,见表8-4-1至表8-4-5。

表8-4-1

中国工商银行
转账支票存根
No. 338555891
科　　目＿＿＿＿＿＿
对方科目＿＿＿＿＿＿
出票日期　2015年6月13日
收款人:保险公司
金　额:¥2 600.00
用　途:支付财产保险费
单位主管:　　　　会计:

表8-4-2　中国人民保险公司收据

2015年6月13日　　　　NO 089101

兹收到:肇庆时代服装厂
金额:人民币贰仟陆佰元整　　　　¥2 600.00
系:财产保险金　　　　(保单号见附表)
收款单位盖章　　　　收款人

表8-4-3　保险费用分配表

2015年6月　　　　单位:元

部　门	财产保险费	合　计
基本生产车间		
机修车间		
供电车间		
管理部门		
销售部门		
合　计		

(5)厂部采购办公用品,全厂统一均摊,见表8-5-1至表8-5-3。

表 8－5－1

中国工商银行
转账支票存根
No. 337755891
科　　目__________
对方科目__________
出票日期 2015 年 6 月 17 日
收款人：文具商店
金　额：500.00
用　途：支付办公用品
单位主管：　会计：

表 8－5－2　商品销售统一发票

税号：　　　　发票联票代码　　　　1440012333

发票号码 1816144

客户名称：肇庆时代服装厂　　　　2015 年 6 月 25 日

品　名 规　格	单位	数量	单价	超过仟元无效	金额(元)					备注
					百	十	元	角	分	
纸张	令	1	300		3	0	0	0	0	
笔	盒	20	10		2	0	0	0	0	
合计人民币 （大写）	伍佰零拾零元零角零分			小写	5	0	0	0	0	

第二联发票联顾客报销凭证

企业(盖章有效)　　　收款：　　　开票：

表 8－5－3　办公用品分配表

2015 年 6 月　　　　单位：元

部门	用品名称	金额	领取人
基本生产车间	纸张、笔		张刚
机修车间	纸张、笔		李伟
供电车间	纸张、笔		张涛
管理部门	纸张、笔		梁红
销售部门	纸张、笔		孙浩
合　计			

(6)水费业务单据，见表 8－6－1 至表 8－6－4。

表 8－6－1

劳务　委托银行收款结算凭证(支款通知)　5

委托日期:2015 年 6 月 30 日

付款单位	全称	肇庆时代服装厂			收款单位	全　称	肇安市供水局
	账号或地址	0032－6120－0408				账　号	0032－6120－0888
	开户银行	工行端州支行	行号	20437		开户银行	工行肇安市分行

委收金额	人民币 大写:叁仟伍佰壹拾元整	百	十	万	千	百	十	元	角	分
				¥	3	5	1	0	0	0

款项内容	水费	委托收款凭据名称		附寄单证张数	
备注	付款人注意: 1. 根据结算方式规定,上列委托收款,如在付款期限内未拒付时,即视同全部同意付款,以此联代付款通知。 2. 如需提前付款或多付款时,应另写书面通知送银行办理。 3. 如系全部或部分拒付,应在付款期限内另填拒绝付款理由书送银行办理				

单位主管:　　会计:　　复核:　　记账:　　付款单位开户银行盖章　　月　　日

表 8－6－2　××省增值税专用发票

开票日期:2015 年 6 月 30 日　　　　肇税(93)第 1 版(6)

购货单位	名称	肇庆时代服装厂	纳税人登记号	2	2	0	1	0	5	9	2	6	7	9	5	3	2	6
	地址电话		开户银行及账号	工商银行端州支行 0032－6120－0408														

货物或应税劳务名称	规格型号	计量单位	数量	单价	金额 百	十	万	千	百	十	元	角	分	税率%	税额 百	十	万	千	百	十	元	角	分
2015 年 6 月水费		吨	5 000	0.60				3	0	0	0	0	0	13					3	9	0	0	0
合计							¥	3	0	0	0	0	0					¥	3	9	0	0	0
价税合计	×百×拾×万叁仟叁佰玖拾元整														¥3 390.00								
备　注																							

销货单位	名称	肇安市供水局	税务登记号	2	1	0	5	0	1	2	0	0	1	3	3	0	8	7
	地址、电话		开户银行及账户	工行肇安市分行 0032－6120－0888														

销货单位(章):　　　收款人:张玲　　　复核:　　　开票人:

表 8－6－3　劳务供应通知单

2015 年 6 月

费用额	单位	各受益对象耗用量					
		基本生产车间	机修车间	供电车间	管理部门	销售部门	合计
3 000.00	吨	2 500	1 000	1200	200	100	5 000

表 8－6－4　水费分配表

2015 年 6 月　　　　　　　　　　　金额单位:元

部　门	成本或费用项目	水费分配		
		用水吨数	单价	金额
基本生产车间	水费			
机修车间	水费			
供电车间	水费			
管理部门	水费			
销售部门	水费			
合　计				

(7)固定资产折旧单据,见表 8－7－1。

表 8－7－1　固定资产折旧计提计算表

2015 年 6 月　　　　　　　　　　　单位:元

类别 / 部门	项目	月初应计折旧固定资产原值	折　旧	
			折旧率	折旧额
基本生产车间	房屋及建筑物	500 000.00	0.3%	
	机器设备	310 000.00	0.5%	
	小计	810 000.00		
机修车间	房屋及建筑物	150 000.00	0.3%	
	机器设备	100 000.00	0.5%	
	小计	250 000.00		
供电车间	房屋及建筑物	150 000.00	0.3%	
	机器设备	200 000.00	0.5%	
	小计	350 00000		
厂部	房屋及建筑物	800 000.00	0.3%	
	机器设备	150 000.00	0.7%	
	小计	950 000.00		
合　计		2 360 000.00		

任务四　成本核算期末工作结转

子任务 1　根据表 8－1－11 材料领用明细表,编制表 8－8－1 至表 8－8－5“原材料费用分配表”,间接材料费用按各批号“产量比例法”进行分配;计算各批号产品及部门耗用原材料费用金额,编制表 8－8－6“原材料耗用汇总表”;根据表“原材料耗用汇总表”编制记账凭证,登记开设的各有关明细账。

子任务 2　根据表 8－2－1“各生产车间基本工资统计表”,填制表 8－9－1“工资结算汇总表”、表 7－9－2“附加费用计提表”、表 8－9－3“工资及附加费用分配表”,各批号的工资及附加费用按照各批号工时的分配标准进行分配,根据“工资及附加费用分配表”编制记账凭证,登记开设的各有关明细账。

子任务3 根据前面实训资料，确定各辅助生产车间直接费用数额，根据表8－10－1和表8－10－2，按交互分配法编制表8－10－3，根据“辅助生产费用分配表”填制记账凭证，据以登记有关明细账，结转辅助生产明细账。

子任务4 根据前面实训资料，确定基本生产车间制造费用明细账各费用项目本月发生额，确定制造费用的分配数额，按各批号的生产工时比例编制表8－11－1“制造费用分配表”，根据“制造费用分配表”填制记账凭证，据以登记有关明细账，结转制造费用明细账。

子任务5 根据6月份发生的各批次产品生产费用，编制表8－12－1、表8－12－2和表8－12－3 三个批次“产品成本计算单”，结算完工批号产品的成本，填制表8－12－4“全部完工产品成本汇总表”，编制记账凭证，登记生产成本明细账，并进行结转。

八、2015年6月份期末成本分配结转业务

（1）原材料费用的归集与分配，见表8－8－1至表8－8－6。

表8－8－1 原材料费用分配表

2015年6月　　单位：元

产品批号	材料类别	材料名称	产品产量（个）	共同耗用材料费用总额	
				分配率	应用分配材料费用
1002					
1003					
合　计					

表8－8－2 原材料费用分配表

2015年6月　　单位：元

产品批号	材料类别	材料名称	产品产量（个）	共同耗用材料费用总额	
				分配率	应用分配材料费用
1001					
1002					
1003					
合　计					

表8－8－3 原材料费用分配表

2015年6月　　单位：元

产品批号	材料类别	材料名称	产品产量（个）	共同耗用材料费用总额	
				分配率	应用分配材料费用
1001					
1002					

续表

产品批号	材料类别	材料名称	产品产量（个）	共同耗用材料费用总额	
				分配率	应用分配材料费用
1003					
合　计					

表 8－8－4　原材料费用分配表

2015 年 6 月　　　　单位：元

产品批号	材料类别	材料名称	产品产量（个）	共同耗用材料费用总额	
				分配率	应用分配材料费用
1001					
1002					
1003					
合计					

表 8－8－5　原材料费用分配表

2015 年 6 月　　　　单位：元

产品批号	材料类别	材料名称	产品产量（个）	共同耗用材料费用总额	
				分配率	应用分配材料费用
1001					
1002					
1003					
合计					

表 8－8－6　原材料耗用汇总表

2015 年 6 月

材料名称 / 领料部门或产品批号	主要材料			辅助材料				包装物			合计
	梭织棉面料	桑蚕丝面料	小计	衬布	402 线	纽扣	小计	纸板	包装袋	小计	
1001 批号											
1002 批号											
1003 批号											
机修车间											
供电车间											
销售部门											
厂部											
总计											

（2）工资薪酬的归集与分配，见表 8－9－1 至表 8－9－3。

表 8－9－1　工资结算汇总表

编制单位：肇庆时代服装厂　　2015 年 6 月　　单位：元

部门		职工人数	基础工资	奖金	津贴补贴	应扣工资		应付工资	代扣款项			实发工资
						病假	事假		个人负担社会保险费 11%	住房公积金 10%	小计	
裁剪车间	生产工人	8		800.00	—	—	—					
缝制车间	生产工人	9		900.00	—	—	—					
整理车间	生产工人	3		300.00	—	—	—					
车间管理人员		3	6 000.00	300.00	300.00	—	—					
机修车间		3	6 000.00	300.00	—	—	—					
供电车间		2	4 000.00	200.00	—	—	—					
行政管理人员		8	16 000.00	800.00	800.00	—	—					
销售人员		6	9 000.00	6 000.00	600.00	—	—					
合计		44				—	—					

表 8-9-2 附加费用计提表

2015 年 6 月 单位:元

部门		应付工资	福利费 14%	工会经费 2%	教育经费 2.5%	附加费用合计
裁剪车间	生产工人					
缝制车间	生产工人					
整理车间	生产工人					
车间管理人员						
机修车间						
供电车间						
行政管理人员						
销售人员						
合计						

表 8-9-3 工资及附加费用分配表

2015 年 6 月 单位:元

生产批号、部门		实际生产工时	工资分配率	工资	附加费用分配率	附加费用	合计
生产批号	1001						
	1002						
	1003						
合计							
车间管理人员							
机修车间							
供电车间							
行政管理人员							
销售人员							
合计							

(3)辅助生产费用的归集与分配,见表 8-10-1 至 7-10-3。

表 8-10-1 劳务供应通知单

辅助车间:机修车间 2015 年 6 月

劳务种类	单位	各受益对象耗用量					
		机修车间	供电部门	基本生产车间	销售部门	厂部	合计
机修	工时		600	1 100	300	500	2 500

表 8-10-2 劳务供应通知单

辅助车间:供电车间 2015 年 6 月

劳务种类	单位	各受益对象耗用量					
		机修车间	供电部门	基本生产车间	销售部门	厂部	合计
供电	度	700		2 500	300	500	4 000

表 8-10-3　辅助生产费用分配表(交互分配法)

2015 年 6 月　　　　金额单位:元

项　目				交互分配			对外分配		
辅助生产车间				机修车间	供电车间	合计	机修车间	供电车间	合计
待分配费用									
劳务供应数量									
费用分配率									
应借账户	辅助生产耗用	机修车间	数量						
			金额						
		供电车间	数量						
			金额						
		金额小计							
	基本生产耗用	数量							
		金额							
	销售部门耗用	数量							
		金额							
	厂部耗用	数量							
		金额							
	合　计								

(4)制造费用的归集与分配,见表 8-11-1。

表 8-11-1　制造费用分配表

基本生产车间　　　　2015 年 6 月　　　　金额单位:元

项目 成本计算对象	生产人工工时	分配率	分配金额
1001			
1002			
1003			
合　计			

(5)生产费用在完工产品和在产品间的分配,见表 8-12-1 至 7-12-4。

表 8-12-1　产品成本计算单

产品批号:1001　　　　2015 年 6 月　　　　生产数量:720 件

投产日期:5 月

产品名称: 针织棉女长袖衬衫　　　　完工日期:6 月 (本月完工 360 件)

成本项目	直接材料	直接人工	制造费用	合　计
月初在产品费用				
本月生产费用				
生产费用合计				

续表

成本项目	直接材料	直接人工	制造费用	合　　计
完工360件产品成本				
完工产品单位成本				

表8－12－2　产品成本计算单

产品批号:1002　　2015年6月　　生产数量:480件

投产日期:6月

产品名称：梭织棉女短袖衬衫　　完工日期:6月（本月完工480件）

成本项目	直接材料	直接人工	制造费用	合　　计
本月生产费用				
生产费用合计				
完工480件产品成本				
完工产品单位成本				

表8－12－3　产品成本计算单

产品批号:1003　　2015年6月　　生产数量:450件

投产日期:6月

产品名称:桑蚕丝女长袖衬衫　　完工日期：（本月完工200件）

成本项目		直接材料	直接人工	制造费用	合　　计
本月生产费用					
生产费用合计					
费用分配率					
完工200件产品成本	定额				
	实际				
月末在产品成本	定额				
	实际				

表8－12－4　全部完工产品成本汇总表

2015年6月　　金额单位:元

生产批号	产品名称	本月完工数量(件)	直接材料	直接人工	制造费用	产品总成本	单位成本

任务五　成本报表的编制与分析

子任务1　按产品品种编制表8－13－1“产品生产成本表”。

表 8－13－1　产品生产成本表（按产品品种反映）

产品名称	规格	计量单位	实际产量		单位成本				本月总成本			上半年累计总成本		
			本月 1	上半年累计 2	上年实际平均 3	本年计划 4	本月实际 5	上半年累计实际平均 6	按上年实际平均成本计算 7	按本年计划平均成本计算 8	本月实际 9	按上年实际平均成本计算 10	按本年计划平均成本计算 11	上半年实际 12
可比产品合计														
其中： 1. 针织棉女长袖衬衫		件		2 500	95.00	90.00		92.00						
2. 桑蚕丝女长袖衬衫		件		3 500	130.00	120.00		125.00						
不可比产品合计														
其中： 1. 梭织棉女短袖衬衫		件		2 000	—	85.00		86.00						
全部商品产品成本														

子任务2　成本报表的分析方法。

十、成本报表编制与分析

表8-13-2　上半年累计全部产品成本计划完成情况分析表　　单位:元

产品名称	计划总成本	实际总成本	实际比计划升降额	实际比计划升降率(%)
1. 可比产品				
其中:针织棉女长袖衬衫				
桑蚕丝女长袖衬衫				
2. 不可比产品				
其中:梭织棉女短袖衬衫				
合计				

表8-13-3　可比产品成本降低计划表　　单位:元

可比产品	上半年计划产量(件)	单位成本		总成本		计划降低指标	
		上年实际平均	本年计划	按上年实际平均单位成本计算	按本年计划单位成本计算	降低额	降低率%
针织棉女长袖衬衫	2 000						
桑蚕丝女长袖衬衫	3 000						
合计							

表7-13-4　可比产品成本降低计划完成计划分析表　　单位:元

可比产品	总成本		计划降低指标	
	按上年实际平均单位成本计算	按上半年实际单位成本计算	降低额	降低率%
针织棉女长袖衬衫				
桑蚕丝女长袖衬衫				
合计				

第九章　情境三：多步骤生产企业成本核算

多步骤生产企业，根据企业生产工艺特点和管理要求，适用于分步法计算成本。该情境设计的会计期间是年度12月份，要素费用、综合费用以及生产费用的核算和成本报表的编制与分析等内容，选择成本核算分步方法，能够使学习者快速进入岗位角色。

任务一　企业成本核算环境认知

子任务1　了解企业基本情况。
子任务2　了解产品生产工艺流程。
子任务3　了解产品材料配件。
子任务4　了解企业成本核算规定。

一、企业基本情况

星湖纸厂是一个多步骤大量大批生产的股份有限公司，属一般纳税人企业，其主要生产打印纸和新闻纸两种产品。企业开户银行是工商银行端州支行，账号：0032-6120-0410，纳税登记号：220105926795432 。

该厂生产部门设有三个基本生产车间和两个辅助生产车间。三个基本生产车间是：制浆车间、制纸车间、成品车间，两个辅助生产车间是锅炉车间和供电车间(见图9-0-1)。

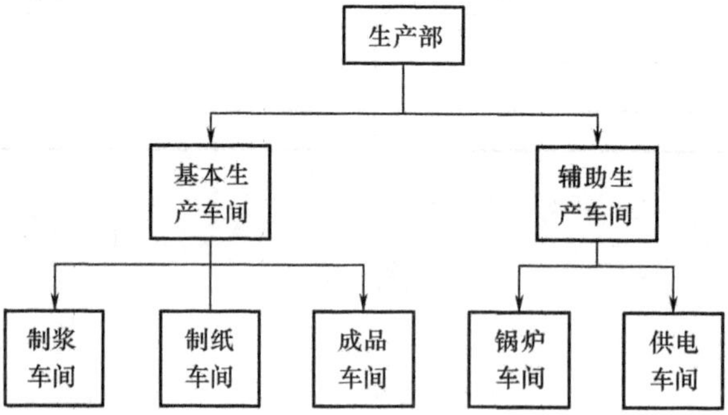

图9-0-1

二、产品生产工艺流程

产品生产工艺是：制浆车间将原材料(麦草)经备料、蒸煮、苛化、盘磨、成浆等工序制成麦草浆，麦草浆作为原材料全额供应给制纸车间，制纸车间将麦草浆生产成半成品筒纸，再转入成品车间裁切为复印纸，然后包装验收入库。该企业生产工

艺流程如图9－0－2:

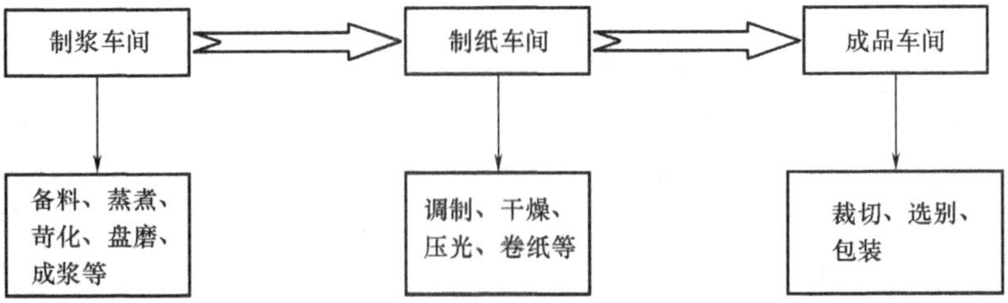

图9－0－2

三、产品材料结构

详见表9－0－1:

表9－0－1　材料配件表

材料类别	材料编号	材料名称	计量单位	计划单价
原料及主要材料	A001	麦草	吨	75.00
	A002	烧碱	吨	460.00
	A003	硫化碱	吨	1 000.00
	A004	液氯	吨	800.00
	A005	石蜡	公斤	5.00
	A006	增白剂	吨	30.00
	A007	滑石粉	吨	230.00
	A008	硫酸铝	吨	480.00
辅助材料	B001	铜丝网	条	90.00
	B002	上毛布	条	70.00
	B003	下毛布	条	65.00
	B004	汽机油	公斤	5.00
	B005	黄油	公斤	6.00
燃料	C001	原煤	吨	620.00
包装材料	D001	包装箱	个	2.00
	D002	包装纸	箱	20.00

四、企业产品制造成本核算的有关规定及说明

企业产品制造成本核算的有关规定及说明如下:

(1)本厂实行厂部一级核算,按生产步骤及产品品种设置产品成本计算单(基本生产成本明细账),归集与分配各项生产费用。成本项目设有“直接材料”、“直接人工”、“制造费用”、“废品损失”四个项目。

(2)该企业原材料按计划成本计价核算,在“原材料”总账下,按“原料及主要材料”、“辅助材料”、“燃料”“包装材料”设置二级明细账,材料为产品共同领用的,按各生产量分配计入；材料成本差异核算只设总账，不分类设明细账，材料成本差异月末一次结转。详见表9－0－2、及9－0－3：

表9－0－2　打印纸产量资料　　单位：吨

项目	制浆车间	制纸车间	成品车间
月初在产品	0	42	45
本月投产(或上月转入)	200	198	235
本月完工	200(其中废品2吨)	235	270
月末在产品	0	5	10

表9－0－3　新闻纸产量资料　　单位：吨

项目	制浆车间	制纸车间	成品车间
月初在产品	0	3	6
本月投产(或上月转入)	15	15	15
本月完工	15	15	18
月末在产品	0	3	3

(3)“直接人工”、“制造费用”是根据工资结算凭证和制造费用明细账月终汇总资料编制分配表记入各完工产品成本计算单。人工费用采用实际生产工时分配法为分配标准，制造费用按照年度计划分配率法为分配标准，详见表9－0－4：

表9－0－4

车间	产品	全年年度制造费用计划数	全年计划产量(吨)	单位定额工时	1－11月份已分配的制造费用
制浆车间	打印纸	648 000.00	2 400	12	524 000.00
	新闻纸		180	20	70 000.00
制纸车间	打印纸	524 000.00	3 000	8	439 000.00
	新闻纸		220	10	43 000.00
成品车间	打印纸	400 400.00	3 400	5	339 290.00
	新闻纸		240	5	28 000.00

备注：假设2015年1－11月份制造费用无余额，年末结转制造费用年度差异。

(4)制浆车间生产的半成品采用综合成本结转，直接作为原材料供应给制纸车间，不进行成本还原；制纸车间生产的半成品采用分项逐步结转分步法转入成品车间，即半成品完工后，为下一步骤直接领用。

(5)本厂锅炉车间和供电车间为辅助生产车间，锅炉车间和供电车间的生产费用采用计划成本分配法进行分配。

(6)基本生产车间发生各项间接费用,记入"制造费用"账户。辅助生产车间不设制造费用一级账户,发生的相关费用,全部记入"辅助生产成本"账户中。

(7)月末,完工产品和月末在产品之间的按照定额成本法进行分配(见表9-0-5)。

表9-0-5

车　间	产　品	单位在产品材料消耗定额(吨)	计划材料单价	单位在产品工时定额	计划小时工资率	计划小时费用率
制浆车间	打印纸	5	200.00	8	15.00	20
	新闻纸	5	280.00	15	15.00	20
制纸车间	打印纸	6	250.00	6	12.00	20
	新闻纸	6	300.00	8	12.00	20
成品车间	打印纸	7	300.00	3	12.00	22
	新闻纸	7	350.00	4	12.00	22

(8)2015年12月初在产品成本资料如表9-0-6所示:

表9-0-6

车　间	产　品	直接材料	直接人工	制造费用	合　计
制纸车间	打印纸	63 000.00	3 024.00	5 040.00	71 064.00
	新闻纸	54 000.00	288.00	480.00	6 168.00
成品车间	打印纸	94 500.00	1 620.00	2 970.00	99 090.00
	新闻纸	14 700.00	288.00	528.00	15 576.00

(9)各项费用分配率均精确到0.000 1,尾差由新闻纸负担。

任务二　成本核算方法选择

详见表9-0-7:

表9-0-7

工艺过程	生产组织	成本计算期	成本管理要求	成本计算方法

任务三　成本核算日常业务处理

子任务1　设置:基本生产成本明细账,其中:制浆车间——打印纸、新闻纸,制纸车间——打印纸、新闻纸,成品车间——打印纸、新闻纸;辅助生产成本明细账,其中:锅炉车间、供电车间;制造费用明细账,其中:制浆车间、制纸车间、成品车间。根据在产品成本资料,登记基本生产成本明细账期初余额。

子任务2 根据“领料单”表9－1－1至表9－1－12填制表9－1－13“车间、部门领用材料明细表”。

子任务3 根据表9－2－1至表9－2－4填制表9－2－5“工资结算单”。

子任务4 根据表9－3－1至表9－3－2,填制表9－3－3“报刊费用分配表”,编制记账凭证。

子任务5 根据印花税单据表9－4－1,编制记账凭证。

子任务6 根据电话费原始凭证表9－5－1至表9－5－3,编制记账凭证。

子任务7 根据水费原始单据表9－6－1至表9－6－3,填制表9－6－4“水费分配表”,编制记账凭证。

子任务8 按要求填制表9－7－1“固定资产折旧提取计算表”,根据“固定资产折旧提取计算表”填制记账凭证。

子任务9 根据相关凭证登记明细账。

五、2015年12月份日常成本核算业务

(1)材料领用业务单据,见表9－1－1至表9－1－13。

表9－1－1 星湖造纸厂领料单

领料部门:制浆车间　　2015年12月1日　　仓库:

材料编号	材料名称	计量单位	数量	计划单价(元)	计划总成本(元)	用途
A001	麦草	吨	800	75.00	60 000.00	生产打印纸、新闻纸

供应单位:　　保管员:　　张红领料人:杨严

表9－1－2 星湖造纸厂领料单

领料部门:制浆车间　　2015年12月2日　　仓库:

材料编号	材料名称	计量单位	数量	计划单价(元)	计划总成本(元)	用途
A002	烧碱	吨	100	460.00	46 000.00	生产打印纸、新闻纸
A003	硫化碱	吨	3	1 000.00	3 000.00	生产打印纸、新闻纸

供应单位:　　保管员:张红　　领料人:杨严

表 9-1-3　星湖造纸厂领料单

领料部门：制浆车间　　　　2015 年 12 月 4 日　　　　仓库：

材料编号	材料名称	计量单位	数量	计划单价（元）	计划总成本（元）	用　途
A004	液氯	吨	45	800.00	36 000.00	生产打印纸、新闻纸

供应单位：　　　　保管员：张红　　　　领料人：杨严

表 9-1-4　星湖造纸厂领料单

领料部门：制浆车间　　　　2015 年 12 月 5 日　　　　仓库：

材料编号	材料名称	计量单位	数量	计划单价（元）	计划总成本（元）	用　途
A005	石蜡	公斤	150	5.00	750.00	生产打印纸、新闻纸

供应单位：　　　　保管员：张红　　　　领料人：杨严

表 9-1-5　星湖造纸厂领料单

领料部门：制浆车间　　　　2015 年 12 月 6 日　　　　仓库：

材料编号	材料名称	计量单位	数量	计划单价（元）	计划总成本（元）	用　途
A006	增白剂	吨	600	30.00	18 000.00	生产打印纸、新闻纸

供应单位：　　　　保管员：张红　　　　领料人：杨严

表 9-1-6　星湖造纸厂领料单

领料部门：制浆车间　　　　2015 年 12 月 6 日　　　　仓库：

材料编号	材料名称	计量单位	数量	计划单价（元）	计划总成本（元）	用　途
B004	汽机油	公斤	150	5.00	750.00	生产打印纸、新闻纸
B005	黄油	公斤	100	6.00	600.00	生产打印纸、新闻纸

供应单位：　　　　保管员：张红　　　　领料人：杨严

表 9-1-7　星湖造纸厂领料单

领料部门:制纸车间　　2015 年 12 月 7 日　　仓库:

材料编号	材料名称	计量单位	数量	计划单价(元)	计划总成本(元)	用　途
A007	滑石粉	吨	55	230.00	12 650.00	生产打印纸、新闻纸
A008	硫酸铝	吨	30	480.00	14 400.00	生产打印纸、新闻纸

供应单位:　　保管员:张红　　领料人:李强

表 9-1-8　星湖造纸厂领料单

领料部门:制纸车间　　2015 年 12 月 9 日　　仓库:

材料编号	材料名称	计量单位	数量	计划单价(元)	计划总成本(元)	用　途
B004	汽机油	公斤	40	5.00	200.00	生产打印纸、新闻纸
B005	黄油	公斤	30	6.00	180.00	生产打印纸、新闻纸

供应单位:　　保管员:张红　　领料人:李强

表 9-1-9　星湖造纸厂领料单

领料部门:锅炉车间　　2015 年 12 月 10 日　　仓库:

材料编号	材料名称	计量单位	数量	计划单价(元)	计划总成本(元)	用　途
C001	原煤	吨	140	620.00	86 800.00	

供应单位:　　保管员:张红　　领料人:田涛

表 9-1-10　星湖造纸厂领料单

领料部门:厂部　　2015 年 12 月 12 日　　仓库:

材料编号	材料名称	计量单位	数量	计划单价(元)	计划总成本(元)	用　途
D001	包装箱	个	100	2.00	200.00	
D002	包装纸	箱	2	20.00	40.00	

供应单位:　　保管员:张红　　领料人:赵东

表 9－1－11　星湖造纸厂领料单

领料部门：制纸车间　　2015 年 12 月 15 日　　仓库：

	材料名称	计量单位	数量	计划单价（元）	计划总成本（元）	用　途
B001	铜丝网	条	12	90.00	1 080.00	生产打印纸、新闻纸
B002	上毛布	条	70	70.00	4 900.00	生产打印纸、新闻纸
B003	下毛布	条	100	65.00	6 500.00	生产打印纸

供应单位：　　保管员：张红　　领料人：李强

表 9－1－12　星湖造纸厂领料单

领料部门：成品车间　　2015 年 12 月 25 日　　仓库：

材料编号	材料名称	计量单位	数量	计划单价（元）	计划总成本（元）	用　途
D001	包装箱	个	270	2.00	540.00	生产打印纸、新闻纸
D002	包装纸	箱	20	20.00	400.00	生产打印纸、新闻纸

供应单位：　　保管员：张红　　领料人：杨利

表 9－1－13　车间、部门领用材料明细表

2015 年 12 月　　单位：元

车间、部门	材料类别	材料名称	单位	数量	计划单价（元）	计划总成本（元）	备注
制浆车间	原料及主要材料	麦草	吨				
		烧碱	吨				
		硫化碱	吨				
		液氯	吨				
		石蜡	公斤				
		增白剂	吨				
		小计					
	辅助材料	汽机油	公斤				
		黄油	公斤				
		小计					

续表

车间、部门	材料类别	材料名称	单位	数量	计划单价(元)	计划总成本(元)	备注
制纸车间	原料及主要材料	滑石粉	吨				
		硫酸铝	吨				
		小计					
	辅助材料	汽机油	公斤				
		黄油	公斤				
		铜丝网	条				
		上毛布	条				
		下毛布	条				
		小计					
成品车间	包装材料	包装箱	个				
		包装纸	箱				
		小计					
锅炉车间	燃料	原煤	吨				
厂部	包装材料	包装箱	个				
		包装纸	箱				
合计							

主管：　　　　审核：　　　　制表：

(2)职工薪酬业务单据，见表9－2－1至表9－2－5。(以制浆车间为例，其他车间的原始单据略)

表9－2－1　各车间工时及合格品记录表

2015年12月　　　　单位：吨

车间	产品名称	工时	检验情况			
			交验数	合格数	工废数	料废数
制浆车间	打印纸	2 400	200	198	2(不可修复)	
	新闻纸	300	15	14	1(可修复)	
制纸车间	打印纸	1 800	240	240		
	新闻纸	200	18	18		
成品车间	打印纸	900	280	280		
	新闻纸	100	21	21		

表 9－2－2 制浆车间小时工资率及工时记录单

2015 年 12 月

编号	姓名	工资等级	小时工资率	工时	编号	姓名	工资等级	小时工资率	工时
001	杨严	3	7	180	010	朱蒙	2	6	190
002	赵东	4	7	180	011	吴建	3	7	175
003	刘利	4	7	180	012	张成	3	7	175
004	唐军	4	8	170	013	李宏	3	7	180
005	曾凡	4	8	170	014	金雷	3	7	180
006	王攻	4	8	185	015	郭亮	3	7	180
007	陈峰	5	9	185					
008	李强	5	9	180					
009	张华	2	6	190	合计				2 700

表 9－2－3 星湖造纸厂有关工资结算费用标准

车间或部门:制浆车间 2015 年 12 月 单位:元

项目		单位	金额	备注
各种奖金	4 级以下	每人	100	
	4 级以上(含 4 级)	每人	150	
每月补贴	1 级	每人	100	升高一级增加 100 元

表 9－2－4 星湖造纸厂职工扣款通知单

车间或部门:制浆车间 2015 年 12 月 单位:元

编号	姓名	扣款项目			合计
		伙食费	保险费	房电费	
001	杨严	50.00	182.60	30.00	262.60
002	赵东	50.00	188.10	30.00	268.10
003	刘利	50.00	188.10	30.00	268.10
004	唐军	50.00	210.10	30.00	290.10
005	曾凡	50.00	210.10	30.00	290.10
006	王攻	50.00	223.30	30.00	303.30
007	陈峰	50.00	254.65	30.00	334.65
008	李强	50.00	249.70	30.00	329.70

续表

编号	姓名	扣款项目			合计
		伙食费	保险费	房电费	
009	张华	50.00	158.40	30.00	238.40
010	朱蒙	50.00	158.40	30.00	238.40
011	吴建	50.00	178.75	30.00	258.75
012	张成	50.00	178.75	30.00	258.75
013	李宏	50.00	182.60	30.00	262.60
014	金雷	50.00	182.60	30.00	262.60
015	郭亮	50.00	182.60	30.00	262.60
合计		750.00	2 928.75	450.00	4 128.75

表9－2－5　星湖造纸厂生产工人工资结算单

车间或部门:制浆车间　　　　2015年12月　　　　单位:元

编号	姓名	基础工资	奖金	津贴补贴	应扣工资		应付工资	代扣款项				实发工资
					病假	事假		伙食费	保险费	房电费	小计	
001	杨严				—	—						
002	赵东				—	—						
003	刘利				—	—						
004	唐军				—	—						
005	曾凡				—	—						
006	王攻				—	—						
007	陈峰				—	—						
008	李强				—	—						
009	张华				—	—						
010	朱蒙				—	—						
011	吴建				—	—						
012	张成				—	—						
013	李宏				—	—						
014	金雷				—	—						
015	郭亮				—	—						
合计					—	—						

(3)交纳报纸杂志费按受益部门均摊,见表9－3－1至表9－3－3。

表 9－3－1

中国工商银行
转账支票存根
No. 337755891
科　　目＿＿＿＿＿＿
对方科目＿＿＿＿＿＿
出票日期　2015 年 12 月 15 日
收款人：市邮局
金　额：700.00
用　途：报纸杂志费
单位主管：会计：

表 9－3－2　肇安市邮政业专用发票

发票联　　发票代码 244120840048

发票号码 00027226

顾客名称：立诚电子器材厂　　2015 年 12 月 13 日填发

品名规格	单位	数量	单价	超过仟元无效	金额（元）百	十	元	角	分	备注
报刊费					7	0	0	0	0	
合计人民币（大写）	柒佰零拾零元零角零分			小写	7	0	0	0	0	

第二联发票联顾客报销凭证

开票人：　　收款人：　　收款单位（盖章）

表 9－3－3　报刊费用分配表

2015 年 12 月　　单位：元

部　门	报纸杂志费
制浆车间	
制纸车间	
成品车间	
锅炉车间	
供电车间	
管理部门	
销售部门	
合　计	

(4)到税务部门购买印花税票,见表9-4-1。

表9-4-1

中国工商银行
转账支票存根
No. 337755891
科　　目________
对方科目________
出票日期　2015年12月15日
收款人:地税局
金　额:500.00
用　途:印花税
单位主管:　　　　会计:

(5)交纳电话费,见表9-5-1至表9-5-3。

表9-5-1

中国工商银行
转账支票存根
No. 337755891
科　　目________
对方科目________
出票日期　2015年12月15日
收款人:市电信局
金　额:2 800.00
用　途:电话费
单位主管:　　　　会计:

表9-5-2

肇庆市电信局

发票联　　　　NO 704298

2015年12月13日

兹收到:星湖造纸厂	
金额:人民币贰仟捌佰元整	¥2 800.00
系:电话费	(明细见附表)
收款单位盖章	收款人

表 9－5－3　各部门电话费使用情况表

2015 年 12 月　　　　　　　　单位：元

部　　门	电话费
制浆车间	240
制纸车间	240
成品车间	240
锅炉车间	240
供电车间	240
管理部门	800
销售部门	800
合　　计	2 800

（6）划付水费，见表 9－6－1 至表 9－6－4。

表 9－6－1

劳务　委托银行收款结算凭证（支款通知）　5

委托日期：2015 年 12 月 20 日

付款单位	全　　称	星湖造纸厂			收款单位	全　称	肇安市供水局
	账号或地址	0032－6120－0408				账　号	0032－6120－0888
	开户银行	工行端州支行	行号	20437		开户银行	工行肇安市分行

委收金额	人民币 大写：肆仟陆佰捌拾元整	百	十	万	千	百	十	元	角	分
				¥	4	6	8	0	0	0

款项内容	水费	委托收款凭据名称		附寄单证张数	
备　　注		付款人注意： 1. 根据结算方式规定，上列委托收款，如在付款期限内未拒付时，即视同全部同意付款，以此联代付款通知。 2. 如需提前付款或多付款时，应另写书面通知送银行办理。 3. 如系全部或部分拒付，应在付款期限内另填拒绝付款理由书送银行办理			

单位主管：　　会计：　　复核：　　记账：　　　　付款单位开户银行盖章　　月　　日

表 9－6－2　× ×省增值税专用发票

开票日期：2015 年 12 月 20 日　　　　肇税（93）第 1 版（6）

购货单位	名称	星湖造纸厂	纳税人登记号	2	2	0	1	0	5	9	2	6	7	9	5	4	3	2
	地址电话		开户银行及账号	工商银行端州支行 0032－6120－0410														

货物或应税劳务名称	规格型号	计量单位	数量	单价	金额									税率%	税额								
					百	十	万	千	百	十	元	角	分		百	十	万	千	百	十	元	角	分

续表

2015年12月水费		吨	5 000	0.80				4	0	0	0	0	0	13					5	2	0	0	0
合计							¥	4	0	0	0	0	0	13				¥	5	2	0	0	0
价税合计	×百×拾×万肆仟伍佰贰拾元整																		¥4 520.00				
备　注																							

销货单位	名称	肇安市供水局	税务登记号	2	1	0	5	0	1	2	0	0	1	3	3	0	8	7
	地址、电话		开户银行及账户	工行肇安市分行0032－6120－0888														

销货单位(章)：　　　收款人:张玲　　　复核：　　开票人：

表9－6－3　劳务供应通知单

2015年12月　　　　单位:元

费用额	单位	各受益对象耗用量							
		制浆车间	制纸车间	成品车间	锅炉车间	供电车间	管理部门	销售部门	合计
4 000.00	吨	1 350	1 300	1 000	500	700	100	50	5 000

表9－6－4　水费分配表

2015年12月　　　　金额单位:元

部　门	成本或费用项目	水费分配		
		用水量	单价	金额
制浆车间	水费			
制纸车间	水费			
成品车间	水费			
锅炉车间	水费			
供电车间	水费			
管理部门	水费			
销售部门	水费			
合　计				

(7)固定资产折旧提取计算表,见表9－7－1。

表9－7－1　固定资产折旧计提计算表

2015年12月　　　　单位：元

车间部门		上月固定资产折旧额	上月增加固定资产折旧额	上月减少固定资产折旧额	本月应计提固定资产折旧额
基本生产车间	制浆车间	4 000.00	2 000.00	1 000.00	
	制纸车间	5 000.00	1 500.00	2 000.00	
	成品车间	2 500.00			
	小计				
辅助生产车间	锅炉车间	3 000.00			
	供电车间	3 000.00	500.00		
	小计				
管理部门		4 500.00		400.00	
销售部门		1 500.00	600.00		
合　　计					

任务四　成本核算期末工作结转

子任务1　计算产品及部门耗用原材料费用金额。根据“领料单”表9－1－1至表9－1－12和表9－1－13“车间、部门领用材料明细表”，编制表9－8－1至表9－8－5“原材料费用分配表(按照产品产量进行分配)”，计算各产品及部门耗用原材料费用金额。编制表9－8－6“原材料耗用汇总表”。（本月材料成本差异率为1%），根据“原材料耗用汇总表”编制记账凭证，登记开设各有关明细账。

子任务2　根据表9－2－5“工资结算单”，计算表9－9－1“工资结算汇总表”、表9－9－2“附加费用计提表”、表9－9－3“工资及附加费用分配表”，工资均作为间接费用，需按产品生产实际工时比例分配计入直接人工成本项目，编制记账凭证，登记开设各有关明细账。

子任务3　根据前面实训资料，确定各辅助生产车间费用数额，按计划成本分配法编制表9－10－3“辅助生产费用分配表”，根据“辅助生产费用分配表”填制记账凭证，据以登记有关明细账，结转辅助生产明细账。

子任务4　根据前面实训资料，确定基本生产车间制造费用明细账各费用项目本月发生额，确定制造费用的分配数额，按生产人工工时比例编制表9－11－1至表9－11－3“制造费用分配表”，根据“制造费用分配表”填制记账凭证，据以登记有关明细账，结转制造费用明细账。

子任务5　根据表9－12－1至表9－12－5，填制表9－12－6“废品损失计算表”,编制记账凭证,登记相关账簿,结转废品损失明细账。

子任务6 根据基本生产车间两种产品各步骤的本月发生额,编制表9-13-1和表9-13-6“产品成本计算单”,以及表9-13-7全部完工产品成本汇总表,计算出完工产品和在产品成本,根据“完工产品与在产品成本计算单”,编制记账凭证,登记生产成本明细账,并进行结转。

六、2016年1月份期末成本分配结转业务

(1)原材料费用的归集与分配,见表9-8-1至表9-8-6。

表9-8-1 原材料费用分配表

车间: 2015年12月 材料名称:

产品名称	分配标准(产品产量)	分配率	分配金额
合　计			

主管: 审核: 制表:

表9-8-2 原材料费用分配表

车间: 2015年12月 材料名称:

产品名称	分配标准(产品产量)	分配率	分配金额
合　计			

主管: 审核: 制表:

表9-8-3 原材料费用分配表

车间: 2015年12月 材料名称:

产品名称	分配标准(产品产量)	分配率	分配金额
合　计			

主管: 审核: 制表:

表 9－8－4　原材料费用分配表

车间：　　　　2015 年 12 月　　　　材料名称：

产品名称	分配标准(产品产量)	分配率	分配金额
合　计			

主管：　　　　审核：　　　　制表：

表 9－8－5　原材料费用分配表

车间：　　　　2015 年 12 月　　　　材料名称：

产品名称	分配标准(产品产量)	分配率	分配金额
合　计			

主管：　　　　审核：　　　　制表：

表 9－8－6　原材料耗用汇总表

领料部门 \ 材料名称		原料及主要材料	辅助材料	燃料	包装材料	计划成本合计	成本差异(1%)	实际成本合计
制浆车间	打印纸							
	新闻纸							
制纸车间	打印纸							
	新闻纸							
成品车间	打印纸							
	新闻纸							
锅炉车间								
厂部								
总计								

(2)职工薪酬的归集与分配，见表 9－9－1 至表 9－9－3。

表 9－9－1 工资结算汇总表

编制单位：星湖造纸厂　　　　2015 年 12 月　　　　单位：元

部门		职工人数	基础工资	奖金	津贴补贴	应扣工资		应付工资	代扣款项				实发工资
						病假	事假		伙食费	保险费	房电费	小计	
制浆车间	生产工人	15											
	管理人员	2	4 400.00	200.00	600.00	—	—		100.00	572.00	60.00		
制纸车间	生产工人	11	15 400.00	1 400.00	1 600.00	100.00	—		550.00	2 013.00	330.00		
	管理人员	2	4 400.00	200.00	600.00	—	—		100.00	572.00	60.00		
成品车间	生产工人	6	7 800.00	600.00	1 000.00	—	—		300.00	1 034.00	180.00		
	管理人员	1	2 200.00	100.00	300.00	—	—		50.00	286.00	30.00		
锅炉车间		3	6 000.00	300.00	600.00	—	—		150.00	759.00	90.00		
供电车间		3	6 000.00	300.00	600.00	—	—		150.00	759.00	90.00		
行政管理人员		8	17 600.00	800.00	2 400.00	—	200.00		400.00	2 266.00	240.00		
销售人员		6	9 000.00	15 000.00	1 200.00	—	—		300.00	2 772.00	180.00		
合计		57											

表 9－9－2 附加费用计提表

编制单位:星湖造纸厂　　　　2015 年 12 月　　　　单位:元

部门		应付工资	福利费 14%	社会保险费 28%	附加费用合计
制浆车间	生产工人				
	管理人员				
制纸车间	生产工人				
	管理人员				
成品车间	生产工人				
	管理人员				
锅炉车间					
供电车间					
行政管理人员					
销售人员					
合计					

表 9－9－3 工资及附加费用分配表

编制单位:星湖造纸厂　　　　2015 年 12 月　　　　单位:元

生产车间、部门		实际生产工时	工资分配率	工资	附加费用分配率	附加费用	合计
制浆车间	打印纸						
	新闻纸						
	合计						
制纸车间	打印纸						
	新闻纸						
	合计						
成品车间	打印纸						
	新闻纸						
	合计						
制浆车间							
制纸车间							
成品车间							
锅炉车间							
供电车间							
行政管理人员							
销售人员							
合计							

(3)辅助生产费用的归集与分配,见表 9－10－1 至表 9－10－3。

表 9－10－1　劳务供应通知单

辅助车间:锅炉车间　　　　　　　2015 年 12 月

劳务种类	单位	各受益对象耗用量							
		锅炉车间	供电部门	制浆车间	制纸车间	成品车间	销售部门	厂部	合计
锅炉	工时	—	500	4 500	3 500	3 000	700	800	13 000

表 9－10－2　劳务供应通知单

辅助车间:供电车间　　　　　　　2015 年 12 月

劳务种类	单位	各受益对象耗用量							
		锅炉车间	供电部门	制浆车间	制纸车间	成品车间	销售部门	厂部	合计
供电	度	900	—	1 900	1 700	1 800	300	500	7 100

表 9－10－3　辅助生产费用分配表(计划成本分配法)

辅助生产车间			锅炉车间	供电车间	合　计
待分配费用					
劳务供应数量					—
计划单位成本			8	2	—
辅助生产耗用	锅炉车间	数量			—
		金额			
	供电车间	数量			—
		金额			
	金额小计				
基本生产耗用	制浆车间	数量			—
		金额			
	制纸车间	数量			—
		金额			
	成品车间	数量			—
		金额			
销售部门耗用	数量				—
	金额				
厂部耗用	数量				—
	金额				
按计划成本分配合计					
辅助生产实际成本					
辅助生产成本差异					

(4)制造费用的归集与分配,见表9-11-1至表9-11-3。

表9-11-1 制造费用分配表

制浆车间　　2015年12月　　金额单位:元

项目 / 成本计算对象	年度计划产量定额工时	年度计划分配率	本月实际产量定额工时	本月分配金额
打印纸				
新闻纸				
合　计				

表9-11-2 制造费用分配表

制纸车间　　2015年12月　　金额单位:元

项目 / 成本计算对象	年度计划产量定额工时	年度计划分配率	本月实际产量定额工时	本月分配金额
打印纸				
新闻纸				
合　计				

表9-11-3 制造费用分配表

成品车间　　2015年12月　　金额单位:元

项目 / 成本计算对象	年度计划产量定额工时	年度计划分配率	本月实际产量定额工时	本月分配金额
打印纸				
新闻纸				
合　计				

(5)损失性费用的归集与分配,见表9-12-1至表9-12-8。

表9-12-1 废品通知单

制浆车间　　2015年12月

产品名称	计量单位	单位定额工时	废品数量	单位实际工时	备注
打印纸	吨	12	2	12	不可修复废品
新闻纸	吨	20	1	20	可修复废品

生产检查科:

注:废品原因:因工人工作疏忽,加工损坏报废。

表 9-12-2　废品损失赔偿通知单

2015 年 12 月

责任者姓名	车　间	追偿金额	备　注
李鸣	制浆车间	300.00	工废工件不可修复废品，经查责任赔偿

检验员：

表 9-12-3　端州造纸厂入库单

供货部门：　　2015 年 12 月　　仓库：

材料名称	计量单位	数量	单价(元)	金额(元)	用途
纸浆残料	吨			1 000.00	残料入库

供应单位：　　保管员：　　收料人：

表 9-12-4　端州造纸厂领料单

领料部门：制浆车间　　2015 年 12 月 24 日　　仓库：

材料编号	材料名称	计量单位	数量	计划单价(元)	计划总成本(元)	用途
A007	滑石粉	吨	3	230.00	690.00	修复废品

供应单位：　　保管员：张红　　领料人：杨严

表 9-12-5　工资通知单

财务室：　　2015 年 12 月

部　门	产品名称	工　时	计时工资	合　计	备　注
制浆车间	新闻纸	30	8.00	240.00	可修复废品

表 9-12-6　不可修复废品损失计算单

制浆车间　　2015 年 12 月　　单位：元

项　目	数量(吨)	直接材料	生产工时(小时)	直接人工	制造费用	合　计
生产费用总额	200					
分配率						
废品成本						
减：赔款						
减：残值						
废品损失						

表 9－12－7 废品损失明细账

制浆车间　　产品:打印纸　　2015 年 12 月　　单位:元

年		凭证字号	摘　要	直接材料	直接人工	制造费用	合　计
月	日						

表 9－12－8 废品损失明细账

制浆车间　　产品:新闻纸　　2015 年 12 月　　单位:元

年		凭证字号	摘　要	直接材料	直接人工	制造费用	合　计
月	日						

(6)核算生产费用,见表 9－13－1 至表 9－13－7。

表 9－13－1 自制半成品成本计算单

车间:制浆车间——打印纸　　2015 年 12 月　　完工半成品数量:198 吨

单位:元

成本项目	直接材料	直接人工	制造费用	废品损失	合　计
本月生产费用					
结转废品生产成本					
转入不可修复废品净损失					
完工半成品总成本					
完工半成品单位成本					

表 9－13－2 自制半成品成本计算单

车间:制浆车间——新闻纸　　2015 年 12 月　　完工半成品数量:15 吨

单位: 元

成本项目	直接材料	直接人工	制造费用	废品损失	合　计
本月生产费用					
转入可修复废品净损失					
完工半成品总成本					
完工半成品单位成本					

表 9-13-3 产品成本计算单

车间:制纸车间——打印纸　　2015 年 12 月　　在产品数量: 5 吨

完工半成品数量:235 吨

单位:元

成本项目	直接材料	直接人工	制造费用	废品损失	合　计
月初在产品费用					
本月生产费用					
生产费用合计					
月末在产品定额成本					
完工半成品总成本					
完工半成品单位成本					

表 9-13-4 产品成本计算单

车间:制纸车间——新闻纸　　2015 年 12 月　　在产品数量:3 吨

完工半成品数量:15 吨

单位:元

成本项目	直接材料	直接人工	制造费用	废品损失	合　计
月初在产品费用					
本月生产费用					
生产费用合计					
月末在产品定额成本					
完工半成品总成本					
完工半成品单位成本					

表 9-13-5 产品成本计算单

车间:成品车间——打印纸　　2015 年 12 月　　在产品数量:10 吨

完工半成品数量:270 吨

单位:元

成本项目	直接材料	直接人工	制造费用	废品损失	合　计
月初在产品费用					
耗用上步骤半成品成本					
本月本步骤生产费用					
生产费用合计					
月末在产品定额成本					
完工产品总成本					
完工产品单位成本					

表 9 - 13 - 6　产品成本计算单

车间:成品车间——新闻纸　　2015 年 12 月　　在产品数量:3 吨

完工产品数量:18 吨

单位:元

成本项目	直接材料	直接人工	制造费用	废品损失	合　计
月初在产品费用					
耗用上步骤半成品成本					
本月本步骤生产费用					
生产费用合计					
月末在产品定额成本					
完工产品总成本					
完工产品单位成本					

表 9 - 13 - 7　全部完工产品成本汇总表

2015 年 12 月　　金额单位:元

产品名称	本月完工数量(吨)	直接材料	直接人工	制造费用	产品总成本	单位成本
打印纸						
新闻纸						

任务五　成本报表的编制与分析

子任务 1　按主要产品单位成本编制产品生产成本报表,表 9 - 14 - 1、表 9 - 14 - 2。

子任务 2　编制表 9 - 14 - 3、表 9 - 14 - 4,并对成本报表进行一般分析(采用指标对比法)。

七、成本报表编制与分析

表 9 - 14 - 1　主要产品单位成本表

2015 年 12 月

产品名称:打印纸　　本月实际产量:270 吨

计量单位:吨　　本年累计实际产量:3 000 吨

成本项目	历史先进水平	上年实际平均	本年计划	本月实际	本年累计实际平均
直接材料	905.60	950.00	950.00		1 050.00
直接人工	102.40	110.50	110.00		130.20
制造费用	230.00	242.50	240.00		250.80
生产成本	1 238.00	1 303.00	1 300.00		1 431.00

表 9－14－2　主要产品单位成本表

2015 年 12 月

产品名称:新闻纸　　　　本月实际产量:18 吨

计量单位:吨　　　　本年累计实际产量:260 吨

成本项目	历史先进水平	上年实际平均	本年计划	本月实际	本年累计实际平均
直接材料	1 200.00	1 250.00	1 250.00		1 270.60
直接人工	162.50	175.60	175.00		190.50
制造费用	280.50	300.40	300.00		304.90
产品成本	1 643.00	1 726.00	1 725.00		1 766.00

表 9－14－3　单位成本对比分析表

产品名称:打印纸

成本项目	历史先进水平		上年实际平均		本年计划		本年累计实际平均	
	节约或超支	%	节约或超支	%	节约或超支	%	节约或超支	%
直接材料								
直接人工								
制造费用								
产品成本								

说明:节约用“—”表示。

表 9－14－4　单位成本对比分析表

产品名称:新闻纸

成本项目	历史先进水平		上年实际平均		本年计划		本年累计实际平均	
	节约或超支	%	节约或超支	%	节约或超支	%	节约或超支	%
直接材料								
直接人工								
制造费用								
产品成本								

说明:节约用“—”表示。

参考文献

[1]谭清风. 成本会计岗位实务[M]. 北京:中国物资出版社,2010.
[2]谢婉娥. 制造业成本核算实务[M]. 北京:中国人民大学出版社,2012.
[3]翁玉良. 成本会计[M]. 北京:经济科学出版社,2009.
[4]张传湘. 制造业成本核算实务[M]. 北京:经济管理出版社,2009.
[5]于富生,王俊生,黎文珠. 成本会计学[M]. 北京:中国人民大学出版社,2004.
[6]吴丽新. 新编成本会计实训[M]. 大连:大连理工大学出版社,2007.
[7]王彤彤. 会计综合实训[M]. 北京:中国财政经济出版社,2008.
[8]王艳丽,孙磊. 成本会计实务[M]. 北京:电子工业出版社,2013.
[9]解建秀. 成本核算实务[M]. 北京:清华大学出版社,2014.
[10]鲁亮升. 成本会计[M]. 大连:东北财经大学出版社,2015.